SEU BALDE ESTÁ CHEIO?

"Tanto a ciência quanto a mera observação fornecem indícios de sobra de que a positividade é fundamental para as nossas vidas. Não desperdice nenhuma oportunidade de aumentar as emoções positivas daqueles que o cercam: seus gestos e palavras logo farão uma grande diferença – e talvez, até, possam mudar o mundo."

"É importante termos consciência de que cada momento do dia, todos os dias, nos deparamos com uma escolha: podemos encher os baldes uns dos outros ou esvaziá-los. É uma escolha crucial, com sérias conseqüências para os nossos relacionamentos, para a nossa produtividade, saúde e felicidade"

"Vivenciamos todos os dias interações positivas e negativas que influenciam nossos sentimentos e nosso modo de agir. Mesmo que sejam banais e rotineiras, essas interações têm importância, muita importância.
Embora não nos matem, as nossas experiências negativas acabam destruindo, de forma lenta e inexorável, nosso bem-estar e produtividade.
Felizmente, as experiências positivas, que 'enchem' os nossos 'baldes', podem ser ainda mais poderosas e compensar ou neutralizar o efeito das negativas."

Tom Rath e Donald O. Clifton

TOM RATH E DONALD O. CLIFTON, Ph.D.

SEU BALDE ESTÁ CHEIO?

O poder transformador das emoções positivas na vida profissional e afetiva

SEXTANTE

Título original: *How Full is Your Bucket?*

TRADUÇÃO: Cristiana de Assis Serra
PREPARO DE ORIGINAIS: Regina da Veiga Pereira
REVISÃO: Luis Américo Costa e Sérgio Bellinello Soares
PROJETO GRÁFICO E DIAGRAMAÇÃO: Marcia Raed
IMAGEM DA CAPA: Simon Lee
CAPA: Chin-Yee Lai
FOTOLITOS: R R Donnelley América Latina
IMPRESSÃO E ACABAMENTO: Bartira Gráfica e Editora S/A

CIP-BRASIL. CATALOGAÇÃO-NA-FONTE
SINDICATO NACIONAL DOS EDITORES DE LIVROS, RJ

R183s

Rath, Tom
Seu balde está cheio? / Tom Rath e Donald O. Clifton [tradução Cristiana de Assis Serra]. – Rio de Janeiro : Sextante, 2005.
Tradução de: How full is your bucket?
Inclui bibliografia
ISBN 85-7542-197-2

1. Maturidade emocional. 2. Comportamento – Modificação. 3. Aconselhamento. I. Clifton, Donald O. II. Título.

05-2977 CDD 158
CDU 159.94

GMT Editores Ltda.
Rua Voluntários da Pátria, 45 – Gr. 1.404 – Botafogo
22270-000 – Rio de Janeiro – RJ
Tel.: (21) 2286-9944 – Fax: (21) 2286-9244
E-mail: atendimento@esextante.com.br
www.sextante.com.br

DEDICATÓRIA

A VOCÊ, ______________________________,

QUE TEM O DOM DE ME APOIAR

E ESTIMULAR, ENCHENDO O MEU BALDE COM PALAVRAS,

GESTOS E ATITUDES DE AFETO E RECONHECIMENTO.

DESEJO QUE TODAS AS COISAS POSITIVAS

QUE VOCÊ ME DÁ ENCHAM TAMBÉM O SEU BALDE

E FAÇAM A SUA FELICIDADE.

EM MEMÓRIA DO MEU AVÔ,

CO-AUTOR E MENTOR,

DON CLIFTON (1924-2003).

SUMÁRIO

INTRODUÇÃO

No começo da década de 1950, meu avô, Don Clifton, dava aulas de psicologia na Universidade de Nebraska quando percebeu um problema grave: a atuação da psicologia baseava-se quase que inteiramente no estudo daquilo que vai *mal* nas pessoas. Ele começou a se perguntar se não seria mais importante estudar o que vai *bem*.

Assim, ao longo das últimas cinco décadas, Don e seus colegas conduziram milhões de entrevistas com foco no positivo, em vez de concentrar-se no negativo.

Logo no princípio das suas investigações, Don observou que nossas vidas são moldadas por nossas interações com os outros. Pode ser uma longa conversa com um amigo ou o simples sorriso de um desconhecido – toda interação faz diferença. De fato, os resultados dos nossos encontros raramente são neutros; em geral, são positivos ou negativos. E, mesmo que não percebamos, essas interações vão se acumulando e exercendo profundo impacto em nossas vidas.

No decorrer da década de 1990, emergiu no trabalho de Don um novo campo de estudos: a psicologia positiva, que enfoca o que vai *bem* nas pessoas. Hoje, muitos dos principais cientistas do mundo estudam os efeitos das emoções positivas.

Em 2002, o trabalho pioneiro de Don foi reconhecido pela Associação de Psicologia Americana, que o citou como Avô da Psicologia Positiva e Pai da Psicologia da Força (*Strengths Psychology*). Naquele mesmo ano, Don descobriu que um câncer agressivo e terminal havia se espalhado por seu corpo. Consciente de que não lhe restava muito tempo, dedicou seus últimos meses de vida àquilo que fazia melhor: ajudar os outros a focalizar o positivo. Quem o conhecia bem não podia esperar outra coisa dele.

Apesar de ser autor de vários livros – entre eles o campeão de vendas *Now, Discover Your Strengths* (Agora, descubra sua força) –, Don me convidou para escrevermos juntos esta última obra, baseada numa teoria criada por ele na década de 1960. Há muitos anos pediam que Don escrevesse este livro, em virtude da popularidade da sua teoria – ela foi empregada, ao longo dos últimos quarenta anos, por mais de cinco mil organizações e um milhão de pessoas, que, por sua vez, a transmitiram para amigos, colegas e entes queridos.

Baseada na metáfora simples de uma "concha" e um "balde", a teoria de Don tem implicações profundas, além de expressar, em termos simples, o trabalho de toda a sua vida. Nos seus derradeiros meses, Don e eu trabalhamos noite e dia na compilação das conclusões mais instigantes a que ele chegou no decorrer de mais de meio século de dedicação. Mesmo submetido a sessões de quimioterapia e radioterapia, sempre que ele tinha energia – ou seja, quase o tempo todo – nós nos dedicávamos ao livro.

Passávamos horas no seu escritório analisando pesquisas, estatísticas e histórias interessantes. À medida que a saúde de Don ia se deteriorando, eu lia trechos para ele e anotava seus comentários. Todas as partes do livro foram revisadas por ele, no desejo de que cada história e cada descoberta encontrassem eco junto aos leitores.

De minha parte, foi uma grande honra ser parceiro de Don na criação deste livro. Ele foi meu mentor, professor, exemplo de vida e amigo. Éramos muito próximos, e eu adorei cada momento que passamos juntos. Sua visão de mundo e sua teoria tornaram-se uma eterna fonte de inspiração e motivação para mim. Como descrevemos no capítulo 4, a aplicação da Teoria do Balde e da Concha alimentou meus próprios embates contra o câncer – e, provavelmente, salvou a minha vida.

Pensando agora, creio que este projeto também proporcionou a Don uma injeção de ânimo nos estágios finais da sua luta contra o câncer. Ele havia passado a vida toda tentando fazer do mundo um lugar melhor e acreditava que este livro contribuiria para isso. Terminamos nossa primeira versão poucas semanas antes da sua morte, em setembro de 2003.

Durante seus 79 anos de vida, Don tocou as vidas de milhões de pessoas através de seus livros, das suas aulas e da empresa multinacional que fundou. Entretanto, ele só conseguiu atingir tanta gente graças à sua crença inabalável na necessidade de ajudar pessoas e empresas a se concentrarem no que vai *bem*.

Esperamos que, ao ler este livro, você também descubra, por experiência própria, o poder dos "baldes cheios" e tenha sua vida transformada por essa descoberta.

– TOM RATH

A TEORIA DO BALDE E DA CONCHA

Todo nós possuímos um balde invisível que se enche ou esvazia o tempo inteiro, dependendo do que os outros nos dizem ou fazem. Quando o nosso balde está cheio, nos sentimos ótimos. Quando está vazio, ficamos péssimos.

Acontece que todo mundo possui também uma concha invisível. Sempre que a usamos para encher os baldes dos outros – dizendo ou fazendo algo que reforce as suas emoções positivas – acabamos enchendo também o nosso próprio balde. Por outro lado, toda vez que utilizamos essa concha para esvaziar o balde de alguém – enfraquecendo as suas emoções positivas – também acabamos esvaziando o nosso balde.

O versículo 5 do salmo 23 ("O Senhor é meu pastor, nada me faltará") diz: "Diante de mim preparas uma mesa, à frente dos meus opressores; unges minha cabeça com óleo, *e minha taça transborda.*"

Tal como a taça que transborda, um balde cheio nos proporciona uma maneira positiva de ver as coisas e renova as nossas energias. Cada gota a mais dentro dele aumenta a nossa força e otimismo.

Um balde vazio, porém, envenena o nosso olhar, esgota as nossas forças e solapa a nossa vontade. É por isso que, sempre que alguém tira água do nosso balde, nos causa dor.

É importante tomarmos consciência de que a cada momento do dia, todos os dias, nos deparamos com uma escolha: podemos encher os baldes uns dos outros ou esvaziá-los. É uma escolha crucial, com sérias conseqüências para os nossos relacionamentos, para a nossa produtividade, saúde e felicidade.

CAPÍTULO 1
A NEGATIVIDADE PODE SER FATAL

Quando começamos a escrever este livro, a primeira coisa que perguntei ao meu avô foi por que ele tinha resolvido estudar o que vai *bem* nas pessoas. Don respondeu sem um segundo de hesitação: "Foi o estudo de um certo caso que mudou o foco de toda a minha carreira, de toda a minha vida – uma história que aparentemente nada tem de positiva nem de inspiradora..."

Logo após a Guerra da Coréia, o major-médico William E. Mayer, que mais tarde viria a ser o principal psiquiatra do Exército americano, teve a oportunidade de estudar mil prisioneiros de guerra americanos que haviam sido detidos num campo de concentração norte-coreano. Estava muito interessado em examinar um dos casos mais extremos e eficazes de tortura psicológica de que já se tivera notícia – e que, por sua perversidade, exercera um efeito devastador sobre suas vítimas.

Os soldados americanos haviam ficado em campos que não eram considerados particularmente cruéis ou fora dos padrões convencionais. Os cativos recebiam alimentação, água e abrigos adequados, e não eram sujeitos às práticas de tortura física habituais na época, tais como a introdução de dardos de bambu sob as unhas. De fato, de todos os grandes conflitos militares da História, os campos de concentração norte-coreanos foram os que tiveram menos casos de abuso físico registrados.

Por que, então, tantos soldados morreram naqueles campos? Apesar de não estarem cercados de arame farpado nem de haver guardas armados, nunca houve nenhuma tentativa de fuga. O que acontecia era surpreendente: os presos com freqüência não só se voltavam uns contra os outros como estabeleciam grande aproximação com seus captores.

Quando os sobreviventes foram libertados e levados para a Cruz Vermelha japonesa, ofereceram-lhes a possibilidade de telefonar para a família e avisar que estavam vivos. No entanto, pouquíssimos se interessaram.

Ao voltarem para casa, os soldados não mantiveram nenhum vínculo de amizade ou relacionamento com seus companheiros de cativeiro. Nas palavras de Mayer, cada um daqueles homens encontrava-se "confinado numa verdadeira solitária (...) sem grades nem paredes".

Mayer havia descoberto uma nova doença nos campos

de concentração: a doença do desalento extremo. Não era incomum ver um soldado entrar na sua cabana com o olhar desesperado de quem chegou à conclusão de que não havia razão para lutar pela própria sobrevivência, sentar-se sozinho num canto, enrolado num cobertor, e, dois dias depois, aparecer morto.

Os soldados batizaram de "desistite" o que, no jargão médico, era classificado de "prostração", isto é, "falta de resistência, passividade", segundo Mayer. Se os soldados apanhassem, se cuspissem neles ou os estapeassem, ficariam com raiva – e a raiva lhes daria motivação para sobreviver. Sem motivação, contudo, eles simplesmente se apagavam, ainda que a medicina não encontrasse uma justificativa fisiológica para essas mortes.

Apesar da incidência relativamente mínima de tortura física, a "prostração" elevou o índice de mortalidade geral nos campos de prisioneiros norte-coreanos para incríveis 38% – o mais alto da história militar americana. Ainda mais assombroso foi o fato de metade desses soldados ter morrido, pura e simplesmente, por haver desistido. Entregaram-se completamente, tanto em termos mentais quanto físicos.

Como isso pôde acontecer? As respostas estão nas táticas mentais extremas empregadas pelos captores norte-coreanos, consideradas por Mayer a "pior arma possível" de guerra.

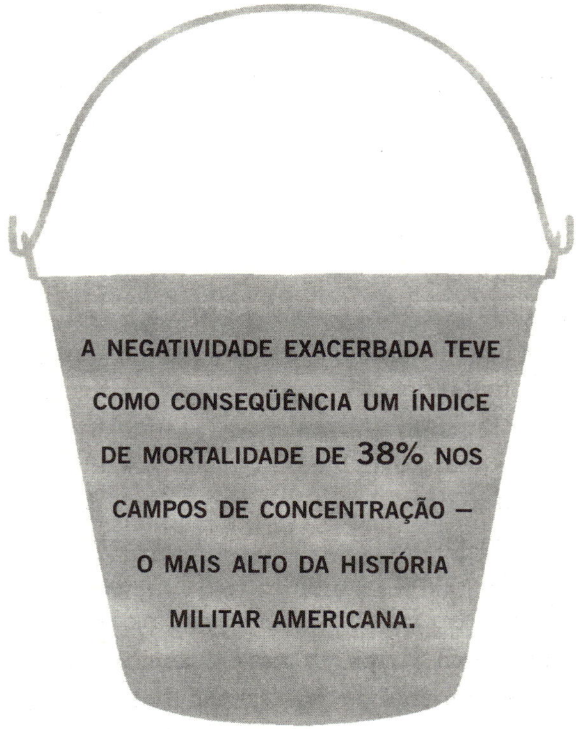
A NEGATIVIDADE EXACERBADA TEVE
COMO CONSEQÜÊNCIA UM ÍNDICE
DE MORTALIDADE DE 38% NOS
CAMPOS DE CONCENTRAÇÃO –
O MAIS ALTO DA HISTÓRIA
MILITAR AMERICANA.

A "PIOR ARMA POSSÍVEL"

Mayer conta que o objetivo dos norte-coreanos era "negar aos homens o apoio emocional proveniente das relações interpessoais". Para tanto, os captores utilizaram quatro táticas básicas:

- delação;
- autocrítica;
- ruptura da lealdade para com os líderes e a pátria;
- inviabilização de qualquer apoio emocional positivo.

A fim de estimular as delações, os norte-coreanos premiavam os prisioneiros – com cigarros, por exemplo – sempre que deduravam os companheiros. Entretanto, nem o transgressor nem o soldado que o denunciava eram punidos, pois não era este o objetivo dos captores ao encorajarem essa prática. Sua intenção era solapar as relações e jogar os homens uns contra os outros. Eles acreditavam que os soldados seriam capazes de prejudicar de verdade seus próprios camaradas se fossem estimulados a esvaziar os baldes dos colegas todos os dias.

A fim de promover a autocrítica, os norte-coreanos reuniam grupos de 10 ou 12 soldados para o que Mayer denominou de "psicoterapia de corrupção de grupo". Em cada sessão, os homens tinham de ir para a frente do grupo e confessar *tudo o que tivessem feito de ruim,* bem como *tudo de bom que poderiam ter feito, mas não fizeram.*

O aspecto mais importante dessa tática era o fato de a "confissão" dos soldados ser dirigida não aos norte-coreanos, mas aos seus próprios pares. Através dessa erosão sutil e constante do cuidado mútuo, da confiança, do respeito e da aceitação social entre os soldados americanos, os norte-coreanos criaram um ambiente em que os baldes de boa-vontade eram submetidos a uma drenagem sistemática e implacável.

A terceira tática importante dos captores consistia na ruptura da lealdade em relação aos líderes e à pátria – isto era feito sobretudo mediante o solapamento paulatino e inexorável da fidelidade dos soldados para com seus superiores.

As conseqüências foram desastrosas. Houve o caso, por exemplo, de um coronel americano que instruiu um de seus homens a não beber a água de um campo de arroz alagadiço, pois sabia que os microorganismos existentes nela poderiam ser fatais. O soldado retorquiu: "Cara, você não é mais coronel de coisa nenhuma aqui, não passa de um prisioneiro feito eu. Você cuida do que é seu, e eu cuido do que é meu" – e morreu de disenteria alguns dias depois.

Em outra ocasião, 40 homens não moveram uma palha quando três de seus companheiros, moribundos, foram jogados para fora de sua cabana por outro americano e abandonados para morrer ao relento. E por que não fizeram nada para ajudá-los? Porque "não era sua obrigação".

Os vínculos estavam rompidos, e os soldados simplesmente não se preocupavam mais uns com os outros.

A tática de impedir todo e qualquer apoio emocional positivo, ao mesmo tempo inundando os soldados de emoções negativas, constituía talvez um processo de *esvaziamento de balde em sua forma mais pura e perversa.* Se um soldado recebesse uma carta confortadora da família, os norte-coreanos a retinham. Todas as cartas negativas, porém (aquelas que contavam o falecimento de um parente ou em que a esposa escrevia dizendo que havia desistido de esperar a volta do marido e ia se casar com outro), eram imediatamente encaminhadas aos soldados. Os captores chegavam ao requinte de entregar contas vencidas.

Os efeitos eram devastadores: os soldados perdiam a razão de viver e viam-se destituídos de sua fé em si mesmos, nos seus entes queridos, em Deus e em seu país. Nas palavras de Mayer, os norte-coreanos induziram os soldados americanos a "uma espécie de isolamento emocional e psicológico como nunca houve igual".

O ESTUDO DA POSITIVIDADE

Impressionados com essa história de tortura e privação psicológica – e talvez inspirados pela esperança de que esses soldados não tenham sofrido ou morrido em vão –, Don Clifton e seus colegas resolveram estudar o outro lado dessa equação tenebrosa. Afinal, se as pessoas podem ser literalmente destruídas por um reforço negativo implacável, será que não poderiam se deixar enaltecer e inspirar por níveis similares de positividade? Em essência, a questão era:

SERÁ QUE O IMPACTO DA POSITIVIDADE PODE SER MAIS FORTE DO QUE O DA NEGATIVIDADE?

Foram as investigações desse grupo, na intenção de responder à pergunta acima, que inspiraram a Teoria do Balde e da Concha, que se baseia nos seguintes princípios:

TODO MUNDO POSSUI UM BALDE INVISÍVEL. NÓS NOS SENTIMOS MELHOR QUANDO O NOSSO BALDE ESTÁ TRANSBORDANDO – E, QUANDO ESTÁ VAZIO, FICAMOS PIOR.

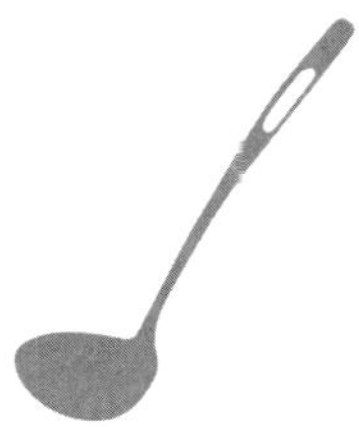

TODO MUNDO POSSUI TAMBÉM UMA CONCHA INVISÍVEL QUE PODE USAR, A CADA INTERAÇÃO, PARA ENCHER OU ESVAZIAR OS BALDES DOS OUTROS.

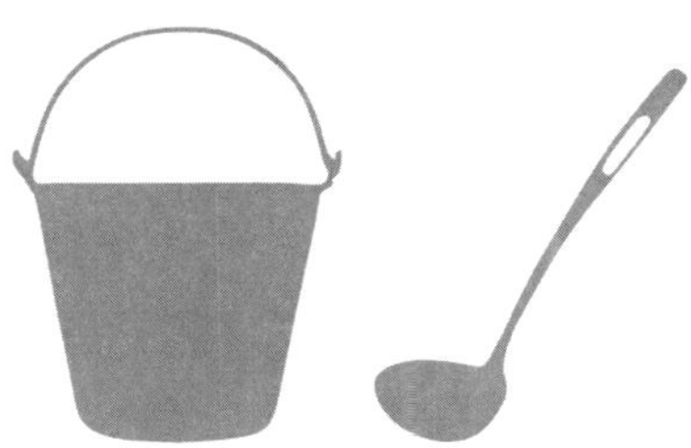

SEMPRE QUE RESOLVEMOS ENCHER OS BALDES DOS OUTROS, ACABAMOS ENCHENDO TAMBÉM O NOSSO.

A Teoria do Balde e da Concha já foi estudada, aplicada e adotada por milhões de pessoas em todo o mundo ao longo do último meio século. Quem a conhece acha-a inspiradora e de fácil aplicação no dia-a-dia. Acima de tudo, você pode usá-la para melhorar a sua vida – já.

Nas próximas páginas veremos:

- uma linguagem simples para usar e compartilhar com os outros;
- um resumo das descobertas que podem ser aplicadas ao seu dia-a-dia;
- histórias reais de balde e concha;
- maneiras de eliminar a negatividade do seu trabalho e da vida em geral;
- cinco estratégias de eficácia comprovada para aumentar as emoções positivas.

CAPÍTULO 2
POSITIVIDADE, NEGATIVIDADE E PRODUTIVIDADE

A maioria de nós jamais se verá submetida ao tipo de tortura psicológica sofrida pelos prisioneiros americanos durante a Guerra da Coréia. No entanto, vivenciamos todos os dias interações positivas e negativas que influenciam nossos sentimentos e nosso modo de agir. Mesmo que sejam banais e rotineiras, essas interações têm importância – muita importância. Embora não nos matem, as nossas experiências negativas acabam solapando, de forma lenta e inexorável, nosso bem-estar e produtividade. Felizmente, as experiências positivas, que "enchem" os nossos "baldes", podem ser ainda mais poderosas e compensar ou neutralizar o efeito das negativas.

BALDES CHEIOS NAS ORGANIZAÇÕES

Para conseguir "baldes cheios" no ambiente de trabalho é preciso ir muito além do reconhecimento e do elogio, ainda que ambos sejam componentes cruciais para a geração de emoções positivas nas organizações.

Entrevistamos mais de quatro milhões de profissionais de todo o mundo a esse respeito. Nossa última análise, que abrangeu mais de 10 mil unidades de negócios distribuídas por mais de 30 setores, chegou à conclusão de que as pessoas que recebem reconhecimento e elogios com regularidade:

- aumentam sua produtividade individual;
- promovem um maior envolvimento com os colegas;
- têm mais probabilidade de permanecer na organização;
- recebem dos clientes notas melhores em termos de fidelidade e satisfação;
- apresentam um histórico de segurança melhor e sofrem menos acidentes de trabalho.

Para entender o que estou dizendo, pense na maior demonstração de reconhecimento que você já recebeu na sua vida profissional. Provavelmente, ela levou você a apreciar mais a sua empresa – o que, por sua vez, aumentou a sua produtividade. Níveis elevados de reconhecimento e elogio promovem transformações imediatas no ambiente de trabalho – e basta uma única pessoa para infundir emoções positivas num grupo inteiro, se começar a encher cada balde com mais freqüência. Há estudos que mostram que, quando um líder compartilha emoções positivas, sua equipe também apresenta um humor mais positivo, fica mais satisfeita com o trabalho, demonstra mais envolvimento e tem um desempenho coletivo melhor.

Um conhecido nosso, Ken, alto executivo de uma empresa, costuma dizer que sua "arma secreta" como líder é manter os baldes cheios. Para isso desenvolveu táticas muito precisas para incrementar as emoções positivas na organização de grande porte que tem sob seu comando. Em viagens freqüentes por todo o mundo, ele faz questão de visitar as suas filiais não para "espionar" seu pessoal ou apenas reunir-se com a alta gerência. Pelo contrário, seu objetivo básico é dar uma injeção de ânimo geral nos funcionários.

Antes de mais nada, Ken os cumprimenta pelos êxitos e conquistas que lhe chegaram ao conhecimento nos últimos meses. Sua primeira providência ao desembarcar é fazer uma visita informal aos responsáveis para dar-lhes os parabéns. Conhece cada funcionário pelo nome e sabe quem se casou, quem teve filho há pouco tempo ou fez uma grande apresentação. Dirige-se a cada um pessoalmente e sua frase predileta é: "Tenho ouvido coisas ótimas a seu respeito."

Ken se alegra ao ver que, depois de plantada a semente da positividade, "a energia se espalha pela rede". Ele percebeu que bastam algumas conversas breves – mas personalizadas e positivas – para revigorar uma organização inteira.

"Descobri que encher baldes constitui uma estratégia de liderança extraordinariamente poderosa", testemunha. Graças a essa abordagem, milhares de subordinados seus encontram nele orientação e motivação.

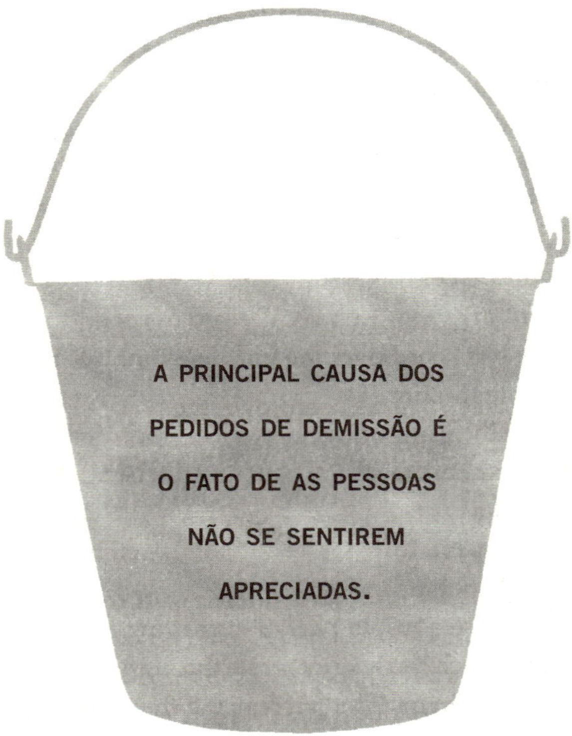

COMO ACABAR COM A PRODUTIVIDADE

Naturalmente, existe o outro lado da moeda. Não há dúvida de que a maioria das pessoas não sente seu trabalho reconhecido nem dá ou recebe a quantidade de elogios que deveria. Isso as leva a tornarem-se menos produtivas e, em muitos casos, a perderem completamente o interesse pelo trabalho. Segundo o Departamento do Trabalho norte-americano, a principal causa dos pedidos de demissão é o fato de as pessoas "não se sentirem apreciadas".

No entanto, o problema não acaba aqui.

Uma pesquisa realizada junto a profissionais da área de saúde revelou que quem trabalha com um chefe de que não gosta apresenta uma pressão arterial significativamente mais alta. Segundo o cientista britânico George Fieldman, essa hipertensão provocada pelo relacionamento com o chefe pode aumentar em um sexto o risco de doenças coronarianas e em um terço o de derrames.

"Verificou-se um aumento significativo dessas doenças, em termos tanto estatísticos quanto clínicos, durante o período em que as pessoas conviveram com um chefe de que não gostavam", diz Fieldman, que é psicólogo e psicoterapeuta. "Quem trabalha por anos a fio com um chefe que realmente detesta provavelmente ficará bastante vulnerável a doenças cardíacas, em virtude do aumento da pressão sangüínea a longo prazo."

Com relação à produtividade, seria preferível para as

empresas que seus funcionários excessivamente negativos não saíssem de casa, pois quando aparecem para trabalhar contaminam todo o ambiente. Conhecemos gente assim: são aqueles que andam pelo escritório com o olhar vidrado ou vão de mesa em mesa armando confusão com suas queixas, reclamações e até acessos de paranóia.

As nossas estimativas sugerem que mais de 22 milhões de trabalhadores (só nos Estados Unidos) são extremamente negativos ou mostram um "desinteresse ativo". Essa negatividade acentuada é não só desanimadora, mas *cara:* custa à economia americana entre 250 e 300 bilhões de dólares todos os anos, só em perda de produtividade. Se acrescentássemos acidentes de trabalho, licenças médicas, rotatividade, faltas e fraudes, o custo ultrapassaria um trilhão por ano, ou quase 10% do PIB (Produto Interno Bruto) norte-americano. Entretanto, esses custos não são uma prerrogativa dos EUA; foram encontrados, em variados graus, em todos os países, setores e organizações que estudamos.

Além do mais, nossos números são conservadores. Para fazer uma estimativa acurada, contabilizamos apenas o impacto direto dos profissionais que apresentam "desinteresse ativo" no trabalho; quantificamos a produtividade – ou falta de – restringindo-nos ao espaço de trabalho de cada um. Na nossa análise dos dados, partimos do princípio de que cada funcionário desinteressado limita-se a

MAUS CHEFES PODEM
AUMENTAR O RISCO
DE DERRAMES EM 33%.

ficar sentado no seu cubículo e não sai causando estragos em todo o ambiente – o que é altamente improvável, é claro. A maioria dos profissionais desinteressados toma todos os dias uma série de atitudes que acabam carregando outros para o buraco.

QUEDA LIVRE

Para ilustrar melhor esses números, eis um exemplo do efeito de uma pequena dose de negatividade. Será que a história de Laura lhe soa familiar?

Lá estava eu, na frente de todos, pronta para começar a melhor parte da minha apresentação. Tinha ficado acordada até tarde duas noites seguidas, me preparando, e me sentia com total domínio do assunto – era, aliás, um tema que me apaixonava – e queria que saísse tudo perfeito. Além disso, desejava muito causar uma boa impressão no meu chefe e nos meus colegas. Estava correndo tudo bem, fui passando os primeiros slides, até que houve uma falha no equipamento e, enquanto o problema não era resolvido, todos começaram a conversar.

Foi aí que entreouvi Mike cochichando para Beth que era óbvio que eu tinha caído na gandaia na noite anterior. Tive ganas de passar por cima da mesa e estrangulá-lo. A minha cara estava tão ruim assim? Procurei não perder a compostura, mas fiquei abalada.

Na hora de continuar a apresentação esforcei-me desesperadamente para reconquistar a atenção da platéia. Mas aí minhas inseguranças dispararam. Será que o começo tinha sido tão chato que ninguém mais queria ouvir o resto? Ou era a minha aparência que estava tão ruim a ponto de abalar a minha credibilidade?

Quando o meu chefe percebeu que eu estava a ponto de

ter um troço, tentou ajudar a redirecionar as atenções de todos. Só que, infelizmente, o jeito que ele escolheu para fazer isso foi: "Pessoal, acho que a Laura está ficando chateada; acho melhor a gente começar a prestar atenção." Ai... às vezes não dá para acreditar no que as pessoas têm coragem de dizer em voz alta. Toda a confiança que eu reunira para fazer aquela apresentação evaporou, e dali por diante foi tudo ladeira abaixo.

Todos nós já passamos por situações em que parece que nada vai dar certo, não importa o que a gente diga ou faça. Parece até que tudo o que os outros querem é nos puxar o tapete, e só conseguimos ver nossos próprios pontos fracos. Não é difícil desabar quando estão esvaziando o nosso balde.

Nessas circunstâncias, não só ficamos para baixo como nossa produtividade também despenca – e, pior, acabamos arrastando outros conosco, porque nossa tendência é esvaziar os baldes deles também. Quando ficamos deprimidos e interagimos com as pessoas, elas logo captam a negatividade que estamos irradiando e se deixam afetar. Não dá para disfarçar – pelo contrário, ela é extremamente contagiosa.

Uma ou duas pessoas são suficientes para envenenar um local de trabalho inteiro. E, se os gerentes procuram resolver a situação transferindo os funcionários negativos para outros departamentos, percebem logo que é inútil:

eles levam o problema para onde quer que vão. *A negatividade é capaz de provocar numa empresa estragos iguais aos de um furacão que devasta uma cidade costeira.*

RECEITA PARA AFUGENTAR CLIENTES

Não é de admirar que equipes de trabalho exauridas pelo excessivo esvaziamento de baldes sejam não só menos produtivas e lucrativas como apresentem também uma rotatividade mais elevada, menor poder inovador, baixa qualidade, uma incidência maior de acidentes de trabalho e menores índices de satisfação dos clientes.

Além do mais, funcionários negativos afugentam os clientes. Pense só na última vez em que você ligou para um serviço de atendimento ao cliente e não se sentiu bem tratado. Depois dessa experiência, provavelmente prometeu a si mesmo nunca mais usar os serviços daquela empresa. Pior ainda, se ficou realmente irritado, talvez tenha comentado com outros e recomendado que eles também deixassem de procurar a empresa. Este é o prejuízo que um funcionário negativo pode causar a qualquer organização.

Numa pesquisa recente, investigamos o possível impacto de um único funcionário sobre os clientes, estudando 4.583 atendentes do serviço de atendimento de uma grande empresa de telecomunicações. Descobrimos que três deles afugentaram *todos os clientes* que atenderam num determinado dia – clientes que não voltaram mais.

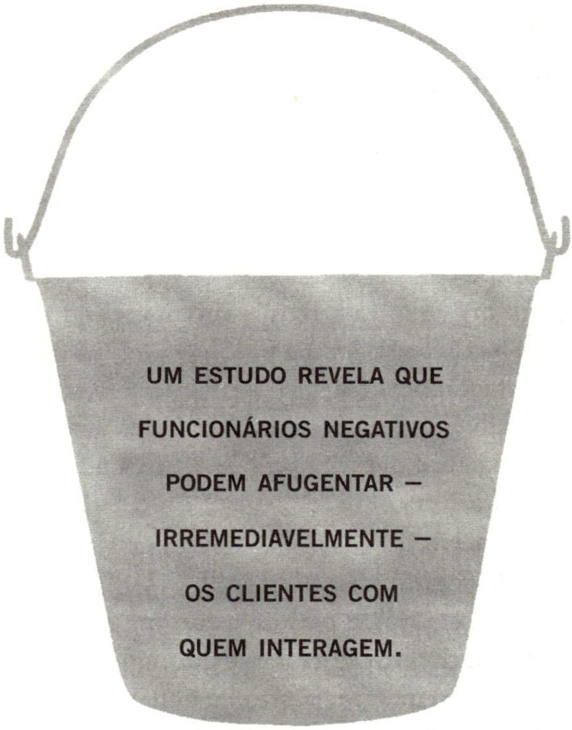
UM ESTUDO REVELA QUE
FUNCIONÁRIOS NEGATIVOS
PODEM AFUGENTAR –
IRREMEDIAVELMENTE –
OS CLIENTES COM
QUEM INTERAGEM.

É muito grave quando um funcionário esvazia os baldes dos clientes. *Seria melhor a empresa pagar para ele ficar em casa.*

Felizmente, nosso estudo identificou também sete atendentes que envolveram e conquistaram *todos os clientes* com quem falaram. Pode ser que você já tenha tido a sorte de ser atendido por alguém assim – alguém que escutou o seu problema, mostrou que entendeu o que ouviu, cuidou prontamente dos seus interesses e deu-lhe a impressão de que se importava de fato com você e queria resolver seu problema. Você não teve vontade de comentar com os outros sobre esse atendimento de primeira classe? Não continua sendo um cliente daquela empresa até hoje?

A FALTA DE RECONHECIMENTO

Gerentes, tomem nota: *elogios são um artigo raro na maioria das empresas*. Para nosso espanto, numa pesquisa realizada, 65% dos funcionários entrevistados afirmaram não ter recebido qualquer reconhecimento pelos bons serviços prestados durante todo o ano anterior. E nunca encontramos alguém que se queixasse de *reconhecimento excessivo*. Não admira que tantos empregados se mostrem desinteressados: embora todos necessitemos e desejemos ser reconhecidos e elogiados, o fato é que isso não acontece em quantidade suficiente – com graves conseqüências para as empresas.

Na maior parte das vezes, as organizações instalam programas de reconhecimento porque alguém da alta gerência resolve que cerimônias mensais ou quinzenais de premiação vão ajudar a elevar o moral dos funcionários. Parece lógico, não? Chegamos assim ao velho e bom programa do "Funcionário do Mês".

Nos primeiros meses, o programa pode até funcionar. Em geral há pelo menos alguns empregados que há muito tempo apresentam um desempenho excepcional e merecem maior reconhecimento – é sobre esses astros que deságua primeiro a devida chuva de elogios públicos.

Ao fim de pouco tempo, entretanto, a gerência começa a enfrentar a dúvida inevitável: *quem deve ser o próximo Funcionário do Mês*? Depois de muito pensar, os executivos acabam escolhendo alguém, e um gerente de sorte terá de pegar o microfone para dizer um punhado de coisas simpáticas – e não raro insinceras – a respeito do agraciado. E o episódio todo acaba mais parecendo uma farsa, tanto para o "ganhador" quanto para o apresentador.

No fim das contas, todos – não importando o mérito – acabam sendo nomeados Funcionários do Mês. Todos têm o seu retrato, sorridentes, pendurado num quadro na recepção. Só que o processo é mais de fachada, e todo mundo sabe disso. Quem acaba se sentindo pior, naturalmente, são os últimos funcionários a receber o título. É impossível não se sentir mal. A gerência esperou meses, talvez até mais de um ano, para elogiar seu "bom trabalho". Provavelmente, é a mesma sensação de ser o último escolhido para o time de vôlei da escola.

Evidentemente, algumas empresas conseguem proporcionar aos funcionários reconhecimentos individualizados, merecidos e significativos. No capítulo 6, daremos sugestões para que a sua organização faça isso.

Quando os baldes dos profissionais são preenchidos de forma significativa e com sinceridade, o moral de qualquer empresa dispara. Os gerentes e funcionários que procuram disseminar emoções positivas, mesmo em pequenas doses, notam imediatamente a diferença. E fazer essa diferença não só custa pouco como pode sair até de graça. Basta apenas alguma iniciativa.

CAPÍTULO 3

VALORIZE CADA MOMENTO

Dificilmente paramos para avaliar o impacto das nossas interações mais breves. Entretanto, passamos literalmente por centenas de momentos decisivos todos os dias, como mostra o caso de Tammy, mãe solteira de três crianças.

O meu dia começa com o corre-corre de sempre. Enquanto tento me aprontar para o trabalho, as crianças pedem o café-da-manhã. Meu filho de oito anos e a menina de 11 se contentam com flocos de cereais, mas a pequenininha, de seis, exige torrada com pasta de amendoim e banana. Acabo cedendo e preparando a torrada que ela quer, e sentamos rapidinho para comer. Depois da primeira mordida, a torrada cai no chão – e com o lado da pasta para baixo, é claro. O irmão grita: "Olha o que você fez!", e a irmã mais velha completa: "É pra comer, não pra jogar no chão, idiota!" Eu então interfiro, dizendo o que ela já está careca de saber: que, da próxima vez, é pra ter mais cuidado.

Imagine como deve ser estar na pele da garotinha de seis anos nesse momento. Como seria se Tammy tivesse parado um pouco, respirado fundo e dado à filha algum estímulo positivo, em vez de reforçar a reclamação? O dia de Tammy prossegue:

Finalmente consigo deixar as crianças na escola – em cima da hora. No estacionamento da empresa onde trabalho, tenho a impressão de ter tirado a sorte grande: pela primeira vez nos últimos tempos, encontro uma vaga livre logo na primeira fileira. Acelero um pouco, para chegar na frente de eventuais competidores que estejam nas proximidades – e, claro, no momento em que me aproximo, outra motorista tem a mesma idéia. Apesar de ter chegado na frente, resolvo ceder-lhe o lugar e vou para os fundos do estacionamento. Aí, ao me aproximar do prédio, acontece uma coisa incrível: a outra motorista está à minha espera e abre a porta para eu passar; apresenta-se, me agradece pela gentileza e acabamos conversando um pouco.

Num curto intervalo de tempo, as duas tiveram seus baldes cheios. Tammy prossegue:

Entro no escritório, sento-me no meu cubículo nada espetacular e dou uma olhada na minha agenda eletrônica. Tenho um compromisso às 10 horas: "Avaliação de desem-

penho com Bill." Meu estômago parece dar um nó; tenho ímpetos de voltar correndo para casa e mandar avisar que estou doente. Sei exatamente o que significa essa avaliação de desempenho. Bill, o meu chefe, deve ter conversado com meus colegas ontem e perguntado quais seriam, na opinião deles, as minhas "oportunidades de aprimoramento". É óbvio que a reunião confirma as minhas suspeitas: Bill preparou uma lista de oito pontos que devo tratar de melhorar nos próximos seis meses. Não faz qualquer referência a qualquer ponto positivo ou realização recente minha, muito embora eu tenha trabalhado mais de 70 horas na semana passada para terminar uma proposta importante. Depois de uma conversa que parece durar uma eternidade, saio da sua sala de péssimo humor, perguntando-me o que diabos me prende a essa empresa.

Não foi preciso muito tempo para Bill esvaziar o balde de Tammy. Mas o dia ainda não terminou:

Mais tarde, no corredor, encontro Karen, uma das altas executivas da empresa que trabalhou rapidamente comigo na proposta da semana passada. Quando nos cruzamos, ela diminui o passo e me cumprimenta: "Oi, Tammy. Olha, queria dizer que você fez um belo trabalho naquela parte final da nossa proposta." Para começar, fico perplexa por ela ter guardado o meu nome. Mais da metade dos membros da mi-

NOVE ENTRE 10 PESSOAS
AFIRMAM QUE SÃO MAIS
PRODUTIVAS QUANDO
ESTÃO CERCADAS DE
GENTE POSITIVA.

nha equipe insiste em me chamar de Tamara, que nem é o nome pelo qual prefiro ser conhecida.

Se Karen tivesse ficado no "Oi, Tammy", já teria sido bom. Mas seu elogio sobre a proposta fez com que Tammy ganhasse o dia: seu balde se encheu rapidamente. E o mais interessante é que para Karen talvez tenha sido apenas um comentário simples, de passagem; provavelmente ela nem se deu conta do impacto positivo da sua observação.

NOSSA CULTURA NEGATIVA

A imensa maioria das pessoas quer emoções positivas em suas vidas. Queremos, na maior parte do tempo, nos sentir como Tammy em seu breve encontro com Karen – e não como ela ficou depois da avaliação de desempenho com Bill. De cada 100 pessoas, 99 dizem preferir estar cercadas de gente positiva; nove de cada 10 afirmam que são mais produtivas em meio a pessoas positivas.

Infelizmente, a maioria de nós foi criada numa cultura em que é muito mais fácil apontar o que os outros fizeram de errado do que elogiá-los por seus êxitos. Este foco no que está errado fica particularmente evidente no universo escolar. Em vez de valorizar o que cada criança tem de único e especial, a maioria dos pais força os filhos a se "enquadrarem", sem perceberem que, apesar das suas boas intenções, com isso anulam a individualidade e estimulam a conformidade.

Por sua vez, as escolas – construídas em torno de um "currículo" imposto aos alunos independentemente de seus interesses ou talentos naturais – só fazem reforçar esse modo de pensar. Quando uma criança vai bem numa matéria e tira 10, o que acontece? Em vez de reconhecer que o 10 é decorrente do interesse da criança por aquela matéria e procurar desenvolver as áreas para as quais ela demonstra maior pendor, professores e pais preocupam-se sobretudo em aumentar as notas mais baixas do boletim. Conheço muito poucos diretores ou coordenadores que chamem os estudantes "para uma conversinha" sobre suas notas excepcionais.

Uma pesquisa recente do Gallup comparou a ênfase dada pelos pais às melhores notas de seus filhos, em vários países e culturas, com o peso dado por eles às notas piores. A pergunta era a seguinte: "Seu filho chega em casa com as seguintes notas: Gramática e Literatura, 10; Estudos Sociais, 10; Biologia, 7; Matemática, 0. Para que nota você deve dar maior atenção?" A maioria dos pais, em todos os países, escolheu o 0.

Infelizmente, os pais se empenham mais em lutar para que os filhos ingressem na faculdade, em vez de considerarem, primeiro, o que é melhor para o seu desenvolvimento. Isso não quer dizer que se deva ignorar um 0 em Matemática – mas por que não começar colocando um foco positivo nas notas mais altas *antes* de passar às estratégias para melhorar o 0? Quando as discussões se iniciam valorizando o lado positivo, as conversas ficam mais produtivas.

Podemos nos perguntar também se depois da formatura, quando vão ingressar no mercado de trabalho, os estudantes encontram a oportunidade de fazer aquilo que *querem*. Será que nesse momento eles são direcionados para concretizar suas verdadeiras paixões? Bem, talvez isso aconteça com uns poucos felizardos, e é claro que num mercado recessivo os jovens ficam muitas vezes sem alternativas. Mas o que percebemos é que, infelizmente, a maioria dos jovens não escolhe – ou tenta escolher – seu primeiro emprego e as funções que terá que desempenhar com base em seus talentos naturais.

Talvez tenha sido essa a sua experiência. Procure lembrar-se do seu primeiro emprego e veja se a descrição a seguir lhe parece familiar: uma vez contratado para um determinado emprego, exigiram que você *mudasse* seu modo de ser para enquadrar-se na função que lhe destinavam. Se você resistiu, provavelmente foi submetido a um programa de treinamento, com a finalidade de "resolver o problema". A ênfase nos pontos fracos nos persegue ao longo de toda a vida, da escola ao local de trabalho.

FALHA NOSSA

Há mais de 80 anos, os campos da educação e da psicologia fizeram vista grossa para um estudo de suma importância, cujas implicações talvez (e provavelmente) tivessem mudado o foco das nossas avaliações – e, desde então, vimos persistindo no mesmo erro.

O estudo, conduzido pela Dra. Elizabeth Hurlock em 1925, explorou o que acontecia quando alunos da quarta e sexta séries recebiam diferentes tipos de retorno acerca de seu desempenho nas aulas de matemática. Hurlock queria descobrir o que era mais eficaz: elogiar, criticar ou ignorar os alunos. O resultado dependeria da quantidade de problemas algébricos que o aluno conseguisse responder, respectivamente, dois, três, quatro e cinco dias depois.

As crianças do primeiro grupo foram identificadas pelo nome e elogiadas diante de toda a turma pelo belo trabalho realizado. As do segundo grupo também foram designadas pelo nome diante da classe, mas desta vez para serem criticadas pelos maus resultados. As do terceiro grupo foram completamente ignoradas, mas presenciaram os elogios e repreensões recebidos pelas demais.

Tanto os alunos do grupo "elogiado" quanto os do grupo "criticado" saíram-se melhor no primeiro dia. Depois, verificou-se uma mudança radical no desempenho. Os que foram criticados apresentaram uma queda acentuada em suas notas, e no terceiro e quarto dias seus resultados já haviam se igualado aos dos estudantes que tinham sido completamente ignorados.

Em contrapartida, os estudantes que foram elogiados

deram um salto qualitativo depois do segundo dia, mantendo-o até o fim do estudo. No quinto dia da experiência, o grupo dos que receberam elogios exibia um desempenho sem dúvida melhor do que os demais. A melhoria geral por grupo foi a seguinte:

Elogiados: 71%
Criticados: 19%
Ignorados: 5%

Seria de se esperar que esse estudo provocasse um grande rebuliço entre psicólogos e educadores. Nada disso. Até pouco tempo atrás, a comunidade científica concentrava-se quase que exclusivamente no estudo dos efeitos das experiências negativas ou traumáticas. Só agora este foco finalmente está começando a mudar.

O SURGIMENTO DA PSICOLOGIA POSITIVA

Graças ao movimento da psicologia positiva (isto é, o estudo do que vai *bem* nas pessoas), hoje algumas das mentes acadêmicas de maior destaque do mundo se dedicam à análise dos efeitos das emoções positivas. Mesmo correndo o risco de supersimplificar uma década de investigações minuciosas, muitos dos mais proeminentes cientistas do mundo levaram a negatividade ao banco dos réus e chegaram ao seu veredicto: culpada.

PASSAMOS POR CERCA
DE 20 MIL MOMENTOS
DIFERENTES TODOS
OS DIAS.

Os estudos recentes mostram que as emoções negativas podem não só ser prejudiciais para a nossa saúde como até reduzir a expectativa de vida. Já vimos que basta uma pessoa negativa para arruinar um ambiente de trabalho inteiro. Da mesma forma, as emoções negativas podem também destruir relacionamentos, famílias e carreiras promissoras.

Por outro lado, descobertas recentes sugerem que *as emoções positivas são um pré-requisito essencial e diário para a sobrevivência*, melhorando nossa saúde física e mental e proporcionando um escudo contra a depressão e doenças.

MILHARES DE MOMENTOS TODOS OS DIAS

Segundo Daniel Kahneman, cientista ganhador do Prêmio Nobel, todos temos aproximadamente *20 mil momentos diferentes por dia*. Cada um desses "momentos" dura apenas alguns segundos. Se você parar e pensar em qualquer lembrança intensa sua (positiva ou negativa), vai perceber que a imagem que lhe vem à mente registra um ponto preciso no tempo. Vai perceber também que os momentos memoráveis são quase sempre positivos ou negativos – raramente um encontro neutro se fixa na sua mente. Há casos em que um único encontro é capaz de mudar uma vida para sempre.

Não faz muito tempo, Katie Couric, do programa de televisão *Today*, entrevistou um jovem chamado Brian Bennett que havia crescido num ambiente problemático e abusivo, tendo lutado muito na escola e apanhado desde pequeno. Hoje, Brian é um adulto bem-sucedido e bem adaptado. Quando Couric lhe perguntou: "A que você atribui isso?", o jovem respondeu sem titubear: "O momento-chave da minha vida foi quando uma professora do ensino básico me disse que gostava de mim e acreditava no meu potencial." Bastou aquela pequena interação para Brian Bennett dar a guinada que mudou sua vida.

Perguntamos também a Kristin, uma consultora administrativa, qual havia sido o maior reconhecimento que ela recebera. A resposta: "Três palavras num e-mail." Kristin então contou que, por ocasião da morte de sua mãe, uma pessoa a quem ela admirava profundamente desde o início de sua vida profissional escreveu-lhe uma mensagem que terminava com as seguintes palavras: "Sua mãe sentia muito orgulho de você, *assim como eu*." Depois de 25 anos numa empresa, essas três palavrinhas tiveram mais significado do que qualquer outro reconhecimento recebido por Kristin em toda a sua vida.

A RAZÃO MÁGICA

De um modo ou de outro, todos nós temos alguns desses momentos marcantes na vida. Mas mesmo interações menos marcantes têm importância. Os especialistas em psicologia positiva vêm constatando, por exemplo, que a *freqüência* com que acontecem os pequenos atos positivos é vital. A pesquisa pioneira de John Gottman sobre casamentos descobriu a "razão mágica" de cinco para um. Os casamentos apresentam uma probabilidade significativamente maior de serem bem-sucedidos quando para uma interação negativa há cinco positivas. Quando essa relação se aproxima de uma negativa para uma positiva, o casamento "dispara em direção ao divórcio".

Num estudo fascinante, Gottman juntou-se a dois matemáticos para colocar seu modelo à prova. A partir de 1992 foram recrutados setecentos casais recém-casados. Para cada dupla, os pesquisadores registraram em vídeo um diálogo de 15 minutos entre marido e esposa, contabilizando o número de interações positivas e negativas. Em seguida, baseados na razão de cinco para um, previam se cada casal continuaria junto ou se separaria.

Dez anos depois, Gottman e seus colegas voltaram para fazer o acompanhamento com cada casal, a fim de determinar o acerto de suas previsões originais. Os resultados foram espantosos: haviam previsto os divórcios com um acerto de 94% – com base numa avaliação das interações dos casais durante 15 minutos.

Esses números são cruciais também no trabalho. Uma pesquisa recente chegou à conclusão de que as equipes com uma proporção acima de três interações positivas para cada uma negativa apresentam uma produtividade significativamente maior do que aquelas que não con-

A RAZÃO MÁGICA:
CINCO INTERAÇÕES POSI-
TIVAS PARA UMA INTE-
RAÇÃO NEGATIVA.

seguem atingir esse patamar. Mas é interessante notar o resultado de outra pesquisa: ela indica também a existência de um *limite máximo* – se a proporção ultrapassar 13 positivas para uma negativa, as coisas podem se deteriorar.

Por quê? Porque, embora seja necessário investir nas emoções positivas, é fundamental não ignorar a negatividade e as dificuldades. *A positividade deve se fundamentar no real.* Uma visão de mundo ao estilo Poliana, em que se faz vista grossa para o que existe de negativo, pode resultar num falso otimismo que pode ser muito destrutivo, além de extremamente chato. Há ocasiões em que é absolutamente necessário admitir as dificuldades, corrigir nossos erros e descobrir modos de administrar os nossos pontos fracos. É claro que a *forma* de fazer isso pode ser agressiva e destrutiva, ou respeitosa e construtiva.

Mas não precisamos nos preocupar com a violação desse limite máximo. Na maioria das organizações, a proporção entre interações positivas e negativas é de uma inadequação deplorável, o que deixa espaço de sobra para o aprimoramento.

COMO AUMENTAR A LONGEVIDADE

As emoções negativas podem acarretar graves problemas. Milhares de estudos vêm revelando os danos causados à mente e ao corpo pelo estresse, pela raiva e pela hostilidade. Em contrapartida, as emoções positivas podem

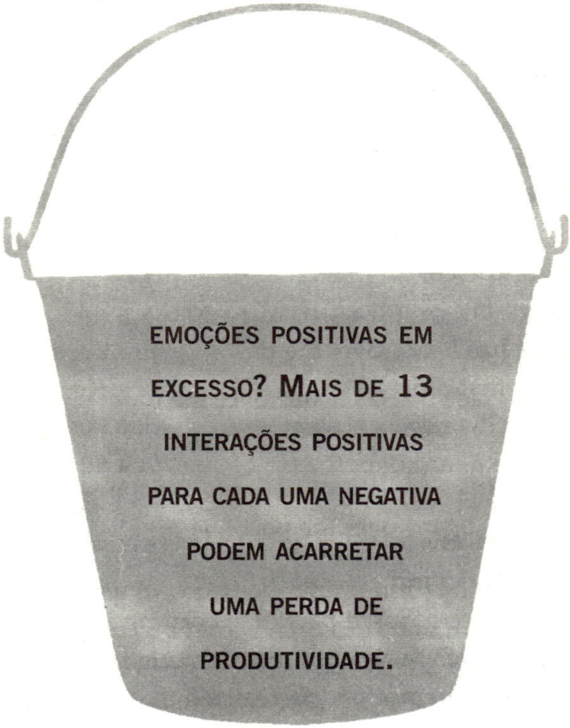
EMOÇÕES POSITIVAS EM
EXCESSO? MAIS DE 13
INTERAÇÕES POSITIVAS
PARA CADA UMA NEGATIVA
PODEM ACARRETAR
UMA PERDA DE
PRODUTIVIDADE.

nos proteger da depressão e dos demais efeitos nocivos sobre a saúde, possibilitando uma recuperação mais rápida de dores, traumas e doenças. Além disso, podem promover também um aumento da expectativa de vida.

Pesquisadores que acompanharam 839 pacientes da famosa Clínica Mayo ao longo de mais de trinta anos identificaram uma ligação entre uma visão de mundo otimista e um menor risco de morte prematura. Outro estudo marcante, com 180 freiras católicas idosas, revelou que as que tinham mais emoções positivas viviam um tempo significativamente mais longo do que aquelas com mais emoções negativas. Os pesquisadores estudaram autobiografias manuscritas escritas por cada uma delas quando tinham vinte e poucos anos; a freqüência com que as emoções positivas figuravam nesses escritos da juventude foi então medida e comparada ao índice de mortalidade entre essas mulheres na faixa dos 75 aos 95 anos de idade.

Os resultados foram assombrosos. As freiras que relatavam viver mais emoções positivas viviam, em média, dez anos a mais. Ainda mais notável foi o fato de que 25 freiras do grupo com menos emoções positivas já haviam falecido na época do estudo, enquanto tinha havido apenas 10 mortes no grupo com mais emoções positivas.

Para entender melhor o significado desses números, basta considerar o fato de já estar comprovado que o cigarro reduz a expectativa de vida em cinco anos e meio para

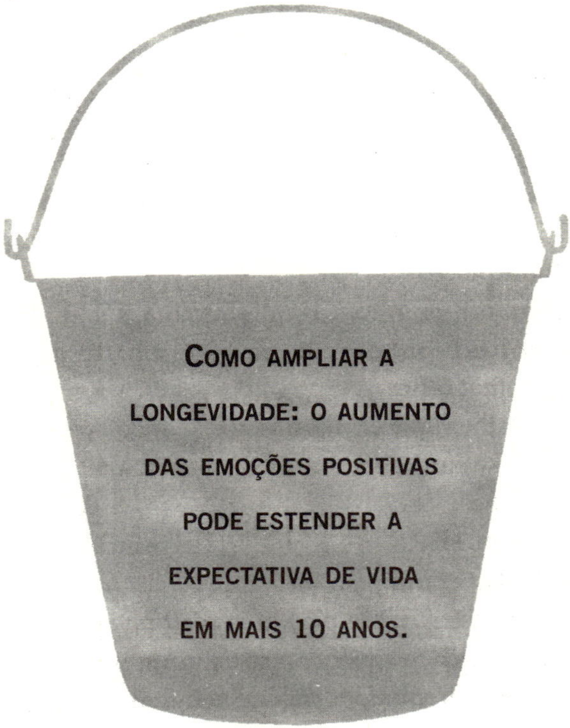
COMO AMPLIAR A
LONGEVIDADE: O AUMENTO
DAS EMOÇÕES POSITIVAS
PODE ESTENDER A
EXPECTATIVA DE VIDA
EM MAIS 10 ANOS.

os homens e sete anos para as mulheres; as emoções negativas, portanto, podem provocar uma redução da expectativa de vida maior que a nicotina. Seria papel do Ministério da Saúde advertir para o risco de emoções negativas.

EFEITOS SOBRE A SAÚDE FÍSICA E MENTAL

Além de aumentarem a longevidade, as emoções positivas podem contribuir para o nosso bem-estar físico e mental. Um estudo realizado com alunos formados em Harvard revelou que as explicações – pessimistas ou otimistas – encontradas pelos jovens para acontecimentos negativos previam o que aconteceria com sua saúde física várias décadas depois. Mais especificamente: *o otimismo na juventude implicava uma boa saúde mais tarde.*

Outras pesquisas sugerem que o otimismo é capaz de reduzir a incidência e abreviar a duração do resfriado comum. Com base em análises dos resultados de exames de sangue, constatou-se que os otimistas possuem mais T4 ou células "auxiliares", que ajudam no combate a infecções. Em média, os otimistas fazem também menos de uma visita ao médico por ano, ao passo que os pessimistas chegam a uma média de mais de 3,5 visitas anuais.

Portanto, se aumentar as emoções positivas na sua vida, você pode até diminuir os seus gastos com saúde.

Já está claro que as emoções positivas afetam diretamente a nossa saúde física, mas o que dizer dos seus efeitos sobre a nossa saúde mental e as nossas interações com os outros?

Barbara Fredrickson, diretora do Laboratório de Emoções Positivas e Psicofisiologia da Universidade de Michigan e grande pesquisadora dessa questão, relata que "as emoções positivas são muito mais do que meros indicadores de auto-satisfação; elas também melhoram nossa maneira de lidar com os acontecimentos e geram bem-estar – e isso não só no momento em que a experiência agradável acontece, mas também a longo prazo. (...) *As emoções positivas não são luxos triviais; pelo contrário, podem constituir necessidades importantes para um ótimo funcionamento*".

Com efeito, conclui Barbara, as emoções positivas:

- não só nos protegem das emoções negativas como podem reverter os efeitos destas;
- aumentam a resistência e têm o poder de transformar as pessoas;
- ampliam nosso pensamento, estimulando-nos a descobrir novas linhas de ação ou raciocínio;
- derrubam barreiras raciais;
- constroem recursos físicos, intelectuais, sociais e psicológicos duradouros, que podem funcionar como "reservas" em períodos de dificuldade;
- promovem um funcionamento ótimo em organizações e indivíduos;

- melhoram o desempenho geral de um grupo (quando os líderes expressam mais emoções positivas).

Ao que tudo indica, a ciência mal começou a arranhar a superfície desse tema. Após séculos estudando as doenças mentais, os especialistas finalmente estão investigando e tentando medir o bem-estar mental.

CAPÍTULO 4

A HISTÓRIA DE TOM: QUANDO O BALDE TRANSBORDA

Lendo este livro, você pode estar se perguntando: "Mas será que a pessoa já não nasce com uma predisposição para ser positiva ou negativa? Será que não é uma característica genética, difícil de mudar?" A resposta mais simples é: "Sim." Todo mundo conhece pessoas que parecem ter nascido (e provavelmente nasceram) com uma predisposição negativa. E sem dúvida você conhece outras que parecem ter uma positividade irrepreensível e inata.

Não existe consenso na comunidade científica a esse respeito. Certos estudos sugerem que a positividade e a negatividade têm origem basicamente genética, ao passo que outros salientam a influência do meio ambiente. A teoria mais aceita hoje atribui tanto ao DNA quanto ao meio contribuições significativas e possivelmente idênticas.

O renomado psicólogo Ed Diener compara nossa capacidade de sermos felizes com nosso peso físico. Do mesmo modo como determinados indivíduos apresentam uma predisposição para serem magros, não importa o quanto comam, outros têm uma tendência natural a serem mais felizes que os demais. No entanto, o nosso nível de emoções positivas sem dúvida pode crescer ou cair significativamente conforme o que nos acontece ao longo do tempo. E não faria mal algum nos submetermos a uma dieta de mais emoções positivas e uma dose menor de emoções negativas.

Independentemente da tendência inata de cada um, encher o balde com regularidade pode incrementar as suas emoções positivas. Para ilustrar o efeito a longo prazo das emoções, resolvemos compartilhar uma história pessoal.

UM PRESENTE DE ANIVERSÁRIO

Logo depois de começarmos a trabalhar neste livro, lembrei que o aniversário de Don estava próximo. Como o livro tratava de emoções positivas, resolvi escrever-lhe uma carta falando da importância na minha vida de manter o balde cheio. Achei que esse depoimento teria mais significado para ele do que um presente comum. Além disso, como eu tinha consciência da dura batalha que Don estava travando contra o câncer, achei que era o momento certo para expressar meu afeto e gratidão.

Desde a minha infância, sempre ouvi Don repetir que devíamos nos reunir para celebrar todos os grandes feitos de uma pessoa enquanto ela ainda estivesse viva para participar da festa. Ele ficava inconformado, quando ia a um funeral, com o fato de tanta gente esperar pelo velório de um ente querido para finalmente encher generosamente seu balde. "Por que não fazer isso enquanto o sujeito ainda está vivo?"

Assim, quando Don fez 79 anos, contei-lhe a minha história pessoal – e, ao lê-la, ele chorou de emoção. Alguns dias mais tarde, Don veio me perguntar se eu concordava em registrar minha história neste livro, por considerá-la um bom exemplo de como manter um balde sempre cheio. É claro que concordei.

Estou então reproduzindo a história que dei ao Don de presente de aniversário: de como manter o meu balde cheio desde a infância moldou toda a minha vida.

A BUSCA DOS PRIMEIROS TRAÇOS DE TALENTO

Sou o mais velho da minha geração numa família grande que teve a sabedoria de adotar um excepcional método de educação que contrariava os padrões da época. Desde o meu nascimento, todos os membros da minha família se empenharam em me ajudar a desenvolver o que eu tinha de melhor, proporcionando-me apoio e estímulo constantes.

Aos quatro anos de idade, minha mãe e minha avó já haviam percebido o meu agudo interesse pela leitura. Assim, sentavam-se comigo por horas a fio, a fim de me ensinarem a ler. Tanto cuidado e atenção foram cruciais para mim.

Sempre que parentes nossos apareciam para uma visita, indagavam o que eu estava lendo ou perguntavam do que eu mais gostava. Hoje, vejo que estavam procurando valorizar meus talentos naturais. Sempre que a minha família reparava na minha paixão por uma determinada área, me incentivava a aprender o máximo possível a seu respeito. Nunca poupavam elogios nem hesitavam em me parabenizar mesmo pelas menores realizações.

Então, quando eu já tinha quase nove anos, o pessoal à minha volta que se dedicava a encher o meu balde percebeu o meu espírito empreendedor e o prazer com que eu liderava meus amiguinhos. Assim, aos 10 anos de idade, recebi uma sugestão do meu avô (Don): por que eu não começava o meu próprio negócio? Adorei a idéia e resolvi abrir uma barraquinha para vender guloseimas. Como sempre, o resto da família me ajudou com entusiasmo e uniu forças ao redor desse projeto.

Ao fim de alguns meses, minha pequena empreitada estava indo muito bem. A "Biz Kids" já tinha movimento suficiente para tornar insuficientes as compras junto ao atacadista local, e uma grande distribuidora de doces concordou em fornecer para nós e entregar no nosso endereço. Acabamos expandindo as nossas vendas a roupas e pequenas mercadorias. Aos 12 anos, eu já empregava mais de 20 amigos meus, com um lucro líquido de alguns milhares de dólares para dividirmos. Ao cabo de alguns anos de atividade, a história chegou à primeira página do jornal local e acabou saindo no noticiário nacional.

Todo o cuidado e atenção com que enchiam meu balde faziam uma profunda diferença na minha vida. Meu balde transbordava, o que me permitia encher os baldes de todos os que me cercavam. No final de cada mês, eu saía distribuindo bonificações e pagava comissões de acordo com o volume de vendas de cada um. Era uma delícia constatar como as minhas atitudes injetavam ânimo nos meus amigos, familiares e coleguinhas de trabalho.

Esse foco nos estímulos positivos prosseguiu ao longo de toda a minha educação. Meus pais perguntavam sobre as minhas matérias e atividades extracurriculares preferidas – e, em vez de esvaziarem o meu balde quando eu não ia bem nas aulas de música ou de artes, me estimulavam a destinar mais tempo às áreas que me proporcionavam mais satisfação pessoal sem descuidar das demais. Estavam convencidos de que minha educação daria mais retorno se eu investisse mais nos temas pelos quais já possuía uma paixão natural.

Ao contrário dos professores e dos pais dos meus amigos, meus pais *não* pretendiam que eu fosse o máximo em tudo. Vendo que eu não possuía qualquer senso de ritmo, entendiam que seria inútil forçar a barra para eu melhorar como músico; no máximo, meu desempenho nessa área seria mediano. Um provérbio sempre repetido lá em casa era aquele dito ancestral de que "não adianta tentar ensinar um porco a cantar; além de ser perda de tempo, o porco ainda fica chateado". Como jovem estudante, esta foi uma premissa libertadora para mim. Eu não precisava ser bom em tudo; pelo contrário, podia me aprimorar nas minhas áreas de talento natural.

UM LAR SEGURO E ACOLHEDOR

Em contraste com minha família, lembro-me de como era estranho visitar um amigo meu do ensino fundamental. Mal entrávamos na sua casa, alegres por estarmos juntos, a primeira coisa que sua mãe lhe dizia era sempre algo como:

"Quem disse que podia trazer um amigo para cá?"

"Você arrumou confusão na escola de novo?"

"É melhor não ter se dado mal na prova!"

Pode ser que, às vezes, essa atitude se justificasse. Mas eu ficava impressionado com a negatividade que havia na primeira coisa que ela falava. Outro colega meu encontrava todos os dias, ao chegar em casa, bilhetes na sua cama com observações negativas como: "Você tem que melhorar esse seu jeito." Eu ficava muito impressionado, ainda mais porque estava habituado a chegar em casa e ouvir coisas do tipo:

"Como foi a escola hoje?"

"O que você está a fim de fazer agora à tarde?"

"Quer me mostrar algum trabalho que você fez hoje no colégio?"

"E aí, hoje foi dia de basquete (o nosso esporte preferido) *na aula de educação física?"*

No começo, eu achava que as famílias desses meus amigos eram problemáticas. Entretanto, com o passar do tempo, descobri que aquilo era comum na quase totalidade das famílias de meus colegas. Em retrospecto, vejo que isso explica por que eu e os meus amigos preferíamos passar a maior parte do tempo em minha casa durante a infância toda. Lá, os nossos baldes ficavam cheios de apoio e estímulos positivos. A minha casa era uma espécie de "porto seguro" aonde íamos nos reabastecer de emoções positivas antes de voltarmos para o mundo real, tão cheio de negatividade.

UM GRANDE DESAFIO

Minha vida transcorreu dessa maneira positiva até eu fazer 16 anos. Foi quando comecei a ter problemas no olho esquerdo e deparei-me com meu primeiro grande obstáculo.

Os médicos encontraram tumores múltiplos no meu olho e realizaram uma série de cirurgias. Um ano depois, eu havia perdido totalmente a visão daquele olho – de forma irrecuperável. Para piorar, o quadro apontava para a possibilidade de uma "anomalia genética" que provoca o crescimento de tumores esporádicos por todo o corpo. Os resultados de um teste de DNA confirmaram que eu era portador de uma síndrome extremamente rara: a doença de Hippel-Lindau. Portanto, era grande a probabilidade de surgirem tumores no meu pâncreas, rins, tímpanos, glândulas adrenais, cérebro e espinha, sem aviso prévio.

Ao saber disso, é claro que fiquei assustado e nervoso – mas, ao mesmo tempo, me surpreendi ao perceber que, lá no fundo, meu espírito não se deixava abater pela notícia. Daquele dia em diante, em vez de enfatizar os aspectos negativos ou incontroláveis da doença, minha família me ajudou a me concentrar no que era *possível* fazer. Apesar da grande apreensão, não cheguei a ficar deprimido. Num momento crucial da minha vida, aquele cuidado genuíno e aquela positividade tiveram um efeito notável em mim.

Durante a semana que se seguiu à confirmação do problema tratei de me informar, a fim de aprender maneiras de administrar a situação e conviver com aquilo. Sempre que as pessoas me perguntavam sobre a perda da visão do olho esquerdo, eu logo salientava que a visão no olho direito era muito acima da média.

Hoje me dou conta de que o segredo foi ver meu prognóstico não como uma espécie de maldição ou sentença de morte, mas, pelo contrário, como uma oportunidade de reagir positivamente e tomar medidas para manter a minha saúde física sempre no máximo.

Continuei estudando o assunto e descobri que a maioria dos tumores associados à doença seria contornável quando houvesse detecção e tratamento precoces. Assim, decidi monitorar o andamento do quadro através de exames e check-ups regulares.

Enquanto isso, tudo – nas esferas social, esportiva e escolar – continuava quase exatamente como sempre tinha sido. Minha vida cotidiana não mudou. Ao longo dos anos seguintes, eu só pensava na minha doença uma ou duas vezes por ano, quando era hora de fazer os exames médicos. Claro que eu ficava nervoso enquanto esperava pelos resultados das minhas ressonâncias magnéticas e tomografias computadorizadas – mas não era nada que não desse para controlar. Sob vários aspectos, minha confiança e força de vontade se fortaleceram com aquele processo.

Optei por enfrentar os desafios de cabeça erguida. Não sei bem se tinha plena consciência da minha atitude na época, mas não permiti que os problemas me dominassem. Dez anos depois, meus amigos mais próximos me falam do medo e preocupação que sentiram naquele período, mas também contam como ficaram impressionados com a minha atitude positiva. Mesmo sabendo que eu não costumava me deixar abater, mal podiam acreditar na minha falta de preocupação com a doença no dia-a-dia. Foi como se eu tivesse adquirido uma imunidade mental qualquer, que ninguém conseguia entender.

No entanto, não houve nada de estranho ou incompreensível nessa história: as gotas diárias derramadas durante anos no meu balde pelos amigos e familiares *haviam criado uma reserva capaz de se manter nos momentos difíceis.*

UM SUPERÁVIT DE EMOÇÕES POSITIVAS

Durante o ensino médio, meus familiares continuaram valorizando as virtudes específicas que percebiam em mim, o que me ajudou muito a moldar minhas prioridades e ambições. No primeiro ano ficou claro que eu queria fazer faculdade de psicologia. Eu adorava pesquisa e queria entender como as pessoas funcionam. Assim, procurei me informar e me candidatei aos melhores cursos de psicologia do país. Claro que a minha família deu uma ajuda incrível, indo comigo pesquisar as várias alternativas e dando total apoio à minha saída de casa.

Esse amparo positivo me propiciou uma adaptação rápida ao novo ambiente universitário e, mesmo estando a mais de 1.500 quilômetros de distância, minha família continuou conseguindo encher o meu balde com freqüência.

Nos três primeiros anos, tudo correu bem. Infelizmente, ainda havia mais desafios pela frente.

No meu último ano da faculdade, um exame revelou um tumor em uma das minhas glândulas adrenais. Cinco anos mais tarde, os médicos encontraram tumores cancerosos no meu rim. Durante a elaboração deste livro, as tomografias detectaram vários tumores novos no meu pâncreas e na medula espinhal.

Sempre que isso acontece, inicialmente tenho uma reação de medo e frustração. A reação mais forte, porém, é o alívio por saber que os tumores foram descobertos antes de fazerem metástase e se espalharem para outros órgãos. A minha vigilância e cuidado com a doença estão valendo a pena. Em todos os casos, a remoção cirúrgica foi possível. Leio os artigos que encontro sobre cada situação no desejo de compreender plenamente as minhas opções e os riscos associados. Toda a minha energia volta-se para o que *pode* ser feito, não para o que já aconteceu ou está fora do meu controle.

Até hoje nunca me surpreendi perguntando *"por que isso foi acontecer comigo?"*. De verdade. Posso me sentir frustrado, mas nunca lutei contra o destino – e existe uma grande diferença entre essas duas atitudes.

Fiz uma escolha deliberada de não perder meu tempo pensando nos aspectos negativos da minha saúde ou alimentando qualquer forma de autopiedade. Concluí que isso não me levaria a lugar algum, e a autocomiseração só serviria para agravar o meu estado físico e emocional.

Embora o risco de enfrentar diversas formas de câncer me acompanhe todos os dias, não tenho outra alternativa senão concentrar-me sempre no que pode ser feito, de modo a manter-me à frente dessa doença. E posso afirmar, com sinceridade, que não tem sido difícil sustentar essa atitude no dia-a-dia.

Por quê? Muito simples: depois de quase três décadas de vida, não consigo me lembrar de um dia que seja em que meus familiares e amigos deixaram de encher o meu balde.

O BALDE CHEIO FAZ DIFERENÇA

Obviamente, o meu caso é um exemplo extremo de balde cheio. Imagino que, se eu fosse outra pessoa e estivesse lendo a minha história, talvez achasse que foi inventada. Mas posso garantir que cada palavra é verdadeira. Tenho certeza de que a alta dose de positividade que recebo no correr da vida me ajuda a enfrentar meus problemas físicos constantes e, literalmente, salvou a minha vida.

Todos nós vamos nos deparar com grandes desafios pelo caminho. Mas, por mais que às vezes possa parecer que "demos azar", que a vida não é justa, não precisamos nos identificar com as dificuldades que enfrentamos. Diante de acontecimentos complicados, as respostas que damos e o nosso estado emocional são muito mais importantes.

O reforço positivo dos nossos pontos fortes é capaz de impedir que nos deixemos dominar pela negatividade e de nos fazer entender que a reação positiva nos permite não só sobreviver, mas também crescer em face das adversidades.

CAPÍTULO 5
TEM DE SER PESSOAL

Reconheço que a história que você acaba de ler é fora do comum, mas há inúmeros exemplos de pessoas que vêem suas vidas melhorarem e se tornam mais produtivas graças à alta freqüência com que seus baldes são preenchidos. Com efeito, é isso que acontece sempre nos bons ambientes de trabalho.

Lembra daquele atendente do capítulo 2 que foi superatencioso quando você ligou para resolver um problema? Digamos que você tenha ficado tão agradavelmente impressionado que perguntou o seu nome. Depois ligou para contar ao supervisor do "João" o que ele fez para conquistá-lo. O supervisor foi anotando rapidamente enquanto você descrevia em detalhes o "tom de voz simpático" ou a "técnica eficiente de resolver problemas" do rapaz.

Trinta minutos depois, no exato momento em que concluía mais um atendimento em que havia conquistado um cliente colérico (sim, ele passa o dia inteiro fazendo isso), "João" recebeu um e-mail do seu chefe.

A primeira coisa que chamou a sua atenção, ao abrir a

mensagem, foi que o chefe a havia enviado com cópia para um grupo dos seus colegas de trabalho mais próximos. O assunto do e-mail: "Você fez a diferença hoje." Na mensagem, o chefe de "João" reproduzia a descrição feita por você, citando até palavras que foram usadas em vários trechos. O e-mail terminava afirmando que a atitude do "João" não só deixara um cliente satisfeito como também "tinha facilitado muito a vida de alguém".

Enquanto lia, um imenso sorriso se espalhou pelos lábios do "João". Mesmo cansado, depois de passar o dia inteiro com os clientes despejando irritação nos seus ouvidos, esse e-mail o fez sentir-se subitamente revigorado.

O chefe do "João" sabia como encher bem um balde: *o reconhecimento é mais apreciado e eficiente quando é individualizado, específico e merecido.* O chefe tinha certeza de que escrever um e-mail e mandá-lo com cópia para os colegas mais chegados do "João" faria o balde de seu subordinado transbordar. Talvez soubesse também que para cada funcionário há uma abordagem ideal: alguns poderiam preferir apenas um tapinha nas costas, sem que nada mais fosse dito, e outros, um elogio mais entusiasmado na frente de colegas durante uma reunião.

O importante é que existem maneiras únicas e específicas de se encher o balde de cada pessoa – e, decerto, há também escolhas equivocadas. Premiações coletivas e padronizadas não funcionam, como também não causam efeito positivo as formas de reconhecimento que pareçam forçadas ou falsas.

E há ocasiões em que o reconhecimento que você acha que vai estimular um funcionário sai pela culatra da pior maneira, e na frente de todo mundo.

A PIOR SITUAÇÃO POSSÍVEL

A história de uma gerente, Susan, e de seu subordinado, Matt, ilustra bem o que pode acontecer quando o reconhecimento não leva em conta o modo de ser do funcionário. O caso a seguir ocorreu numa grande companhia de seguros para a qual a Gallup prestou serviços de consultoria na década de 1980.

Ao ser promovida a gerente de divisão dessa organização, Susan logo percebeu que seu sucesso dependeria diretamente da sua capacidade de estimular seus subordinados a melhorarem seu desempenho.

Susan já havia trabalhado como atendente antes, e adorava ganhar prêmios importantes e ouvir os aplausos de uma multidão de colegas. Ao longo do dia, ela costumava contemplar as plaquinhas com as homenagens que havia recebido e pendurado na parede e lembrar da alegria que sentira ao ganhá-las. Era o que a estimulava.

Assim, Susan resolveu preparar uma grande cerimônia de premiação para homenagear seus subordinados. O evento ocorreria no melhor hotel da cidade, e para ele foram convidados todos os funcionários, com as respectivas famílias, e contratados um palestrante famoso e outras atrações de primeira linha.

A parte final do programa seria a premiação daqueles que haviam apresentado o melhor desempenho durante o ano. A fim de dar mais destaque a Matt, o melhor funcionário do serviço de atendimento ao cliente, Susan deixou o seu prêmio para o final. Queria que a apresentação fosse o principal evento da noite. O cavalete colocado no meio do palco e coberto com um pano deu margem a muita especulação.

A intenção de Susan era que o prêmio constituísse uma motivação para Matt durante o ano seguinte. Assim, antes de anunciá-lo como o funcionário que havia apresentado os melhores resultados, Susan enumerou um longo rol de todas as suas realizações e cobriu-o de elogios. Depois, puxou o pano que cobria o prêmio e ergueu-o, anunciando o nome de Matt. Era o momento planejado durante semanas. Susan chegara a visualizar a expressão de prazer do seu funcionário.

Para sua surpresa, porém, aconteceu exatamente o contrário: *Matt ficou furioso!* Seu ar de decepção e a hostilidade da sua expressão corporal eram indisfarçáveis.

Danado da vida, Matt pegou o microfone, agradeceu a homenagem, reconheceu que a intenção era a melhor possível e acrescentou em alto e bom tom que não queria aquele prêmio. Era só uma placa, que não tinha o menor sentido para ele. Além disso, ele já tinha muitas, não precisava de mais nenhuma. Desculpou-se pela franqueza e desceu do palco de cara fechada.

Foi a pior noite da vida de Susan. Não só tamanha derrocada havia abalado o moral do grupo como ela agora teria de encontrar uma maneira de reconquistar seu melhor atendente. Desse modo, quando se recuperou do choque por tudo o que acontecera, pôs-se a dar tratos à bola para encontrar uma forma de valorizar a atuação de Matt no futuro.

UMA ABORDAGEM ANTIPADRONIZADA

Para começar, Susan tratou de informar-se a respeito de Matt. Descobriu que a maior paixão de seu principal funcionário eram suas duas filhinhas. Sempre que falava delas, seu rosto se iluminava e ele exibia orgulhosamente as últimas fotos das duas.

No ano seguinte, Matt figurou novamente entre os funcionários com melhores resultados. Daquela vez, Susan estava decidida a fazer da cerimônia de premiação um sucesso. Ligou para a esposa de Matt e pediu-lhe que levasse as meninas, em segredo, para que o melhor fotógrafo da região fizesse um retrato das duas.

Quando chegou a grande noite, Susan abriu a cerimônia falando de um homem muito especial, e dessa vez descreveu não só o excelente profissional, mas também o apaixonado pai de família. Então, descobriu o prêmio que estava no palco e apresentou ao público o belo retrato das duas lindas meninas.

Matt correu para abraçá-la, com os olhos marejados de lágrimas. Todos os presentes ficaram comovidos. Matt não podia imaginar uma homenagem mais significativa e personalizada. Aquilo mudou para sempre sua maneira de encarar sua empresa e sua chefe.

INDIVIDUALIZAR SEMPRE

A lição é clara: é preciso que a forma de reconhecimento seja sempre adequada à maneira de ser de cada pessoa. Caso contrário, você estará impondo ao outro uma forma *sua*, o que é uma maneira de desconhecê-lo e até desrespeitá-lo.

Encher os baldes alheios de maneira individualizada é o modo mais eficiente de aumentar a produtividade, ajuda a construir relacionamentos sólidos e é capaz de mudar para sempre a vida de alguém.

CAPÍTULO 6

CINCO ESTRATÉGIAS PARA AMPLIAR AS EMOÇÕES POSITIVAS

Para aumentar as emoções positivas na sua vida e na dos outros, você deve adquirir o hábito de encher baldes. Não estou falando nenhuma novidade: a esta altura, você já sabe que as suas relações, a sua carreira e a sua vida serão muito mais gratificantes se você intensificar o fluxo de emoções positivas ao seu redor.

Saber, no entanto, não basta. Como qualquer objetivo na vida, é preciso ter planos específicos e viáveis para fazer com que as boas intenções se concretizem.

Para ajudá-lo nisso, examinamos nosso banco de dados de mais de quatro mil entrevistas abertas a esse respeito e chegamos às cinco estratégias com maiores probabilidades de produzir resultados.

AS CINCO ESTRATÉGIAS

PRIMEIRA ESTRATÉGIA
NÃO DEIXE O BALDE ESVAZIAR

SEGUNDA ESTRATÉGIA
COLOQUE O FOCO NO POSITIVO

TERCEIRA ESTRATÉGIA
TENHA UM MELHOR AMIGO

QUARTA ESTRATÉGIA
FAÇA COISAS INESPERADAS

QUINTA ESTRATÉGIA
REFORMULE A REGRA DE OURO

PRIMEIRA ESTRATÉGIA
NÃO DEIXE O BALDE ESVAZIAR

Assim como precisamos quitar as nossas dívidas antes de começar uma poupança, é preciso primeiro parar de esvaziar os baldes dos outros para conseguir enchê-los.

Quando soube da Teoria do Balde e da Concha, um conhecido nosso resolveu colocá-la à prova. Ele queria descobrir um jeito de parar de esvaziar os baldes dos outros. Então, desenvolveu um hábito simples: passou a se perguntar, a cada interação, se estava enchendo ou esvaziando o balde do seu interlocutor. Ele nos contou que a princípio não foi fácil, mas ao fim de pouco tempo percebeu que estava pegando a prática. Sempre que ia soltando um comentário negativo, ele se continha – e, em alguns casos, encontrava algo positivo para dizer. Com isso, começou a se sentir melhor – e é claro que as pessoas que o cercavam, também.

Nos próximos dias fique de olho: se perceber que está esvaziando o balde de alguém, pare. Pare e pense nas suas últimas interações. Você andou zombando de alguém? Pisou em algum calo? Fez questão de chamar a atenção para algum defeito ou algo que fizeram de errado? Olhou com cara feia? Se a resposta for sim, tente pisar no freio antes da próxima vez.

Quando tiver conseguido conter o seu impulso de sair

esvaziando baldes, estimule a mesma mudança naqueles que o cercam. Será que os membros da sua equipe de trabalho, da sua família ou seus colegas de escola têm mania de criticar ou zombar dos outros? Você conhece aquela "panelinha" que se forma para esvaziar o balde de alguém? Na próxima vez que vir um balde sendo esvaziado, faça alguma coisa para compensar e procure chamar a atenção, de forma simpática, de quem esvaziou. Procure mostrar aos outros que uma negatividade injustificada só piora tudo, tanto para quem a exerce quanto para a vítima.

Na verdade, certas pessoas são de uma negatividade ou agressividade tão persistentes que simplesmente não dá para mudá-las, por mais que você se esforce. Possuem conchas de longo alcance – e sabem usá-las com requintes de maldade. Se chamar a atenção ou dar o exemplo não adiantar, procure ficar o mais longe possível dessas pessoas – para o seu próprio bem-estar e saúde emocional.

Depois de começar conscientemente a parar de esvaziar baldes, monitore os seus avanços *classificando suas interações*. Isso mesmo: escolha uma pessoa próxima e analise os seus últimos contatos com ela. Avalie se, no geral, cada interação foi mais positiva ou negativa. Classifique mentalmente cada uma com um "+" ou um "–", ou anote, se for preciso. E verifique o resultado final.

Agora, além de pensar no que você deve fazer para encher os baldes dos seus amigos, familiares, colegas de trabalho e todas as pessoas que cruzam seu caminho, aproveite para considerar também o que você deve fazer para atingir aquela "razão mágica" de cinco interações positivas para cada uma negativa de que falamos no capítulo 3.

SEGUNDA ESTRATÉGIA
COLOQUE O FOCO NO POSITIVO

Cada interação é uma oportunidade de valorizar o que está indo bem – e encher um balde.

Não faz muito tempo, uma amiga nossa descobriu o quanto enfocar *o que vai bem* é poderoso. Insatisfeita com seu casamento, ela vinha pressionando o marido há semanas para mudar algumas atitudes. Diante das suas reclamações constantes, ele colocava-se na defensiva e se afastava da mulher. Ela passou a se queixar de seu distanciamento, fazendo longos sermões na tentativa de torná-lo consciente de tudo o que a incomodava – mas, ao contrário, as coisas pareciam piorar cada vez mais.

Ao perceber que dizer ao marido o quanto ele a decepcionava não estava funcionando, ela imaginou outra abordagem: valorizar o que ele fazia bem e as características dele que lhe agradavam. Mesmo não acreditando que fosse dar certo, resolveu experimentar. O que você acha que aconteceu? O marido começou a sentir-se melhor ao chegar em casa, foi se aproximando mais da mulher, tornou-se mais atencioso e carinhoso. Passou a encher o balde da esposa – do mesmo modo como ela fizera com o dele.

O que surpreendeu nossa amiga, porém, foi a felicidade que ela mesma sentiu por enfatizar os aspectos positivos do marido, em vez de salientar os negativos. Isso a levou a adotar uma postura muito mais positiva nas suas outras interações. Depois de poucas semanas, tanto ela quanto o marido estavam transmitindo essa energia recém-inaugurada para amigos e colegas.

Nunca subestime a influência a longo prazo da atitude de encher os baldes alheios. Segundo a Dra. Barbara Fredrickson, as emoções positivas criam "cadeias de eventos interpessoais" – e, mesmo que você não chegue a tomar conhecimento dos resultados a longo prazo, isso não significa que não ocorram.

Toda vez que você enche um balde, coloca uma energia positiva em movimento.

Pense só: se encher dois baldes por dia, e se por sua vez os donos desses baldes encherem outros dois cada um, e assim por diante, teremos mais de mil baldes cheios depois de 10 dias. E, se cada pessoa encher cinco baldes em vez de dois, aí serão mais de *19 milhões* de baldes em 10 dias!

Então, não interrompa a corrente: sempre que alguém encher o seu balde, aceite – nunca repudie ou menospreze o que o outro está lhe dando, seja um sorriso, uma palavra, um pequeno gesto positivo. Para encher mais o seu próprio balde e o balde do outro, retribua da melhor forma que puder. Nunca rejeite um elogio sincero – mesmo que seja por modéstia. Agradeça e mostre que o cumprimento ou o reconhecimento foi apreciado. Assim, você também terá mais chances de compartilhar com terceiros a sua energia positiva renovada.

Se você quiser saber como anda sua capacidade de encher baldes, responda às perguntas do nosso Teste de Impacto Positivo que está nesta página. O objetivo do teste é ajudar você a descobrir se anda enchendo baldes com regularidade. Sugerimos que faça o teste logo, para saber qual é o impacto que você exerce sobre o ambiente que o cerca.

Não se preocupe se, a princípio, a sua avaliação for baixa. A intenção do teste é fornecer-lhe sugestões para o seu aprimoramento contínuo. As perguntas avaliam áreas-chave do seu desenvolvimento. Vale a pena, daqui a algum tempo, refazer o teste para verificar os avanços. Ou imprimir a lista de perguntas e tê-la com você para lê-la de vez em quando.

Envie o teste para seus amigos, sua equipe de trabalho e pessoas da sua família. Todos irão se beneficiar com ele.

PERGUNTAS DO TESTE DE IMPACTO POSITIVO

1. Ajudei alguém nas últimas 24 horas?
2. Sou uma pessoa gentil?
3. Gosto de estar cercado de pessoas positivas?
4. Elogiei alguém nas últimas 24 horas?
5. Tenho jeito para fazer os outros se sentirem bem?
6. Fico mais produtivo quando estou cercado de pessoas positivas?

7. Nas últimas 24 horas, disse para uma pessoa que gostava dela?
8. Faço questão de conhecer gente nova, aonde quer que eu vá?
9. Quando recebo um elogio, também me dá vontade de elogiar alguém?
10. Na última semana, ouvi com atenção alguém falar sobre os seus objetivos e desejos?
11. Consigo fazer as pessoas que estão infelizes rirem?
12. Faço questão de chamar as pessoas próximas de mim pelo nome com que elas preferem ser chamadas?
13. Valorizo aquilo que os meus colegas fazem especialmente bem?
14. Sempre sorrio para as pessoas com quem me encontro?
15. Sinto-me bem quando elogio uma atitude positiva de qualquer pessoa?

TERCEIRA ESTRATÉGIA
TENHA UM MELHOR AMIGO

As crianças às vezes escolhem praticar um determinado esporte ou se envolvem em atividades de que não gostam especialmente. Se não estão sofrendo pressão dos pais ou dos professores para fazer essas escolhas, e se não as desempenham especialmente bem, o que as leva a insistir? Talvez o mesmo motivo que faz um profissional permanecer numa organização que não é a ideal, ou mesmo que o desagrada: provavelmente porque têm um melhor amigo ali.

Se você pensar, vai constatar que a maior parte das pessoas entra e permanece num grupo, numa equipe ou organização por causa dos seus melhores amigos. Dizemos "melhores amigos" porque o levantamento que realizamos em ambientes de trabalho positivos revelou que ter "amigos", "bons amigos" ou "amigos próximos" no convívio profissional não era tão importante quanto ter um "*melhor* amigo". Quem conta com um melhor amigo no trabalho apresenta um histórico de segurança maior, melhores resultados em termos da satisfação dos clientes e uma produtividade crescente.

Muito embora a expressão "melhor amigo" dê a impressão de uma certa exclusividade, não significa necessariamente que você deva se limitar a um único amigo mais chegado. Queremos mesmo sugerir que você desenvolva vários relacionamentos com um nível de profundidade próximo ao de um melhor amigo no seu ambiente de trabalho, em casa e nos seus demais círculos sociais.

Bons relacionamentos trazem um aumento significativo de satisfação com a vida em geral. O renomado psicólogo Ed Diener chegou à conclusão de que "as pessoas mais felizes têm relacionamentos sociais de melhor qualidade". Por outro lado, Diener e outros pesquisadores descobriram que as pessoas solitárias acabam vítimas de um sofrimento psicológico significativo.

Pense nos seus melhores relacionamentos: provavelmente eles são causados por uma série de interações positivas. Dificilmente ficamos muito amigos de alguém com quem os nossos contatos iniciais são, em sua maioria, negativos. Nunca se esqueça disso nas suas primeiras trocas com um novo conhecido.

Para começar, decore os nomes das pessoas com quem você se encontra com mais freqüência – e certifique-se de que aquele é o jeito como cada pessoa prefere ser chamada. Pode parecer bobagem, mas esse detalhe causa uma impressão das mais profundas. Fica difícil construir uma boa relação quando nem ao menos sabemos o nome do outro ou se o chamamos pelo nome errado. Este é o primeiro passo para os seus conhecidos se tornarem seus amigos.

Quer você queira desenvolver vários relacionamentos ou apenas alguns mais profundos, a melhor maneira é encher o balde dos outros desde o primeiro contato. É uma ótima forma tanto de iniciar novos relacionamentos quanto de fortalecer os já existentes. E mais: nenhuma amizade terá grandes chances de sobreviver, muito menos de prosperar, sem que os baldes das duas pessoas sejam enchidos com regularidade.

Ponha logo esse conceito em prática. Comece pelas pessoas mais próximas: diga-lhes o quanto são importantes e por quê. Não parta do princípio de que elas já sabem; mesmo que saibam, quem não adora ouvir várias vezes uma declaração de amor? Procure descobrir sempre novas maneiras de agradá-las e invista para construir um relacionamento cada vez mais positivo, duradouro e repleto de confiança.

Escute os seus amigos sempre de um ponto de vista positivo. Acolha o que dizem, sem julgamentos ou críticas. Apóie-os nas suas iniciativas. Encoraje-os. Faça com que eles sintam que podem sempre contar com você, seja para o que for.

Entretanto, não limite o processo à sua família e amigos. No trabalho, procure tornar-se conhecido como aquele que costuma reparar quando os outros fazem um bom serviço. Informe-se sobre cada colega com quem você trabalha ou interage: procure saber sobre a família, número de filhos, data de aniversário. Interesse-se de fato. Crie interações positivas com seus conhecidos – e mesmo com estranhos.

Você vai se sentir bem com todos esses gestos – seu balde ficará mais cheio – e provavelmente cada vez mais gente vai querer estar à sua volta.

QUARTA ESTRATÉGIA
FAÇA COISAS INESPERADAS

No capítulo 3, mencionamos uma entrevista do *Today* com um antigo aluno traumatizado por muitos problemas, que descreveu como as palavras de estímulo de uma professora mudaram a sua vida. Bem, este não foi o único momento marcante do programa de Katie Couric. Quando o jovem Brian Bennett acabou de contar a sua história, Couric fez-lhe uma surpresa: trouxe-lhe a professora, que fora levada ao estúdio. O rosto de Brian se iluminou ao vê-la chegar com o marido, um de seus professores preferidos no ensino médio.

Acontece que, por acaso, aquelas duas pessoas tão importantes na vida do rapaz eram pais de Drew Bledsoe, um célebre jogador da liga nacional de futebol americano. Depois do reencontro com o casal, Couric anunciou mais uma surpresa: Drew Bledsoe levou de presente uma bola e uma camisa suas para Brian, que ficou inundado de emoções positivas graças ao presente inesperado.

De acordo com uma pesquisa recente, a grande maioria das pessoas prefere ganhar presentes inesperados. Aqueles pelos quais esperamos também ajudam a encher os nossos baldes, claro – mas, por alguma razão, quando se trata de uma surpresa, o balde enche um pouquinho mais. E o presente nem precisa ser muito grandioso para fazer sucesso. A surpresa já basta.

A Saks Fifth Avenue, uma loja de artigos de luxo, fez uma experiência em que os vendedores surpreendiam com um presentinho os clientes que não costumavam ir lá com freqüência. Mesmo sendo apenas uma lembrança da Saks, os clientes adoraram, e os vendedores, também. O programa ainda ajudou a aumentar o volume de negócios da loja, transformando compradores esporádicos em clientes habituais.

Um presente inesperado não precisa ser algo tangível. Compartilhar uma alegria ou uma tristeza, ou confiar um segredo a um amigo podem ser suficientes para encher o balde dele.

Nas suas interações, procure oportunidades de brindar os outros com pequenas surpresas – uma bugiganga engraçada qualquer, um abraço, um telefonema para dizer que está com saudades, um bilhete deixado debaixo do travesseiro, um cafezinho no meio da manhã. Até um sorriso pode ser um presente inesperado – e apreciado. As sugestões são inúmeras: um livro de que você gostou, um artigo interessante, o aviso de uma entrevista especial na televisão, tudo isso enche o balde de quem dá e de quem recebe.

QUINTA ESTRATÉGIA
REFORMULE A REGRA DE OURO

A tradicional Regra de Ouro é: "Faça aos outros *o que gostaria que fizessem com você.*" Quando se trata de encher os baldes, sugerimos uma ligeira variação: "Faça aos outros *o que eles gostariam que você lhes fizesse.*" Dedicamos todo o capítulo 5 à ilustração desse ponto, mas vale reiterar: para encher baldes de maneira consistente e significativa, o segredo é pensar no outro com suas características específicas. Portanto, neste caso, reformule a Regra de Ouro.

Como vimos na história de Matt, o atendente que ganhou um retrato das filhas, as mesmas características que nos tornam únicos também determinam aquilo que realmente nos satisfaz – e vice-versa. Dificilmente uma mesma coisa terá um significado igual para várias pessoas. Há quem prefira prêmios ou presentes concretos, ao passo que para outros o que importa são palavras e gestos de reconhecimento. Alguns gostam de receber elogios diante de um grande público, enquanto outros preferem um cumprimento mais discreto e pessoal vindo de alguém que amem, admirem ou respeitem.

Outro aspecto importante a considerar é o seguinte: aquilo que reconhecemos e elogiamos nos outros ajuda-os a crescerem e a serem mais capazes de realizações futuras.

É por isso que o modo como enchemos cada balde deve respeitar as características únicas de cada pessoa.

Você não sabe ao certo como começar? Basta fazer certas perguntas. Sugerimos algumas para você pensar e formular outras. Experimente com seus amigos e colegas. Se você ocupa um cargo de gerência, explore o poder dessas perguntas – e das iniciativas tomadas a partir delas.

PERGUNTAS PARA ENCHER BALDES

1. Como você gosta de ser chamado?
2. O que é que deixa você "empolgado" – hobbies ou interesses de que você gosta muito de falar?
3. O que é que aumenta o seu nível de emoções positivas ou "enche mais o seu balde"?
4. De *quem* você mais gosta de receber reconhecimento ou elogios?
5. Qual é o tipo de reconhecimento ou elogio que você prefere? Você gosta de reconhecimentos públicos, privados, escritos, verbais, ou de algum outro tipo?
6. Que forma de reconhecimento mais o motiva? Certificados, um título por haver vencido uma competição, um bilhete, um e-mail significativo, ou alguma outra coisa?
7. Qual foi o maior reconhecimento que você já recebeu?

As pessoas gostam muito de receber elogios por escrito. Mandá-los num bilhete ou por e-mail é uma excelente opção. O reconhecimento por escrito é particularmente valioso porque permanece – é algo que poderá ser lido novamente sempre que se desejar.

Na página 121, você vai encontrar o modelo de "uma gota para o seu balde". Sugerimos que você a reproduza quantas vezes quiser e envie para seus colegas e amigos escrevendo palavras de afeto, elogio ou reconhecimento. Qualquer coisa que encha o balde deles e o seu também.

Sabemos que essas gotas já foram usadas por milhões de pessoas, pois quem as recebe muitas vezes as reproduz. Eis alguns comentários que já ouvimos de pessoas que costumam usar as gotas:

"A gota é um jeito encantador de dizer: 'parabéns pelo excelente trabalho' ou 'obrigado pelo que você fez'."

"As gotas criam energia positiva onde antes não havia nem sombra dela."

"Gosto de mandar a gota junto com o livro para marcar uma ocasião especial. Nos aniversários de amigos que não vejo há algum tempo, o texto na gota serve para reafirmar os laços que nos unem e para festejar características específicas daquela pessoa."

Aos 11 anos, mandei uma gota a Don, agradecendo pela idéia de começar minha pequena empresa, mencionada no capítulo 4. O texto era assim:

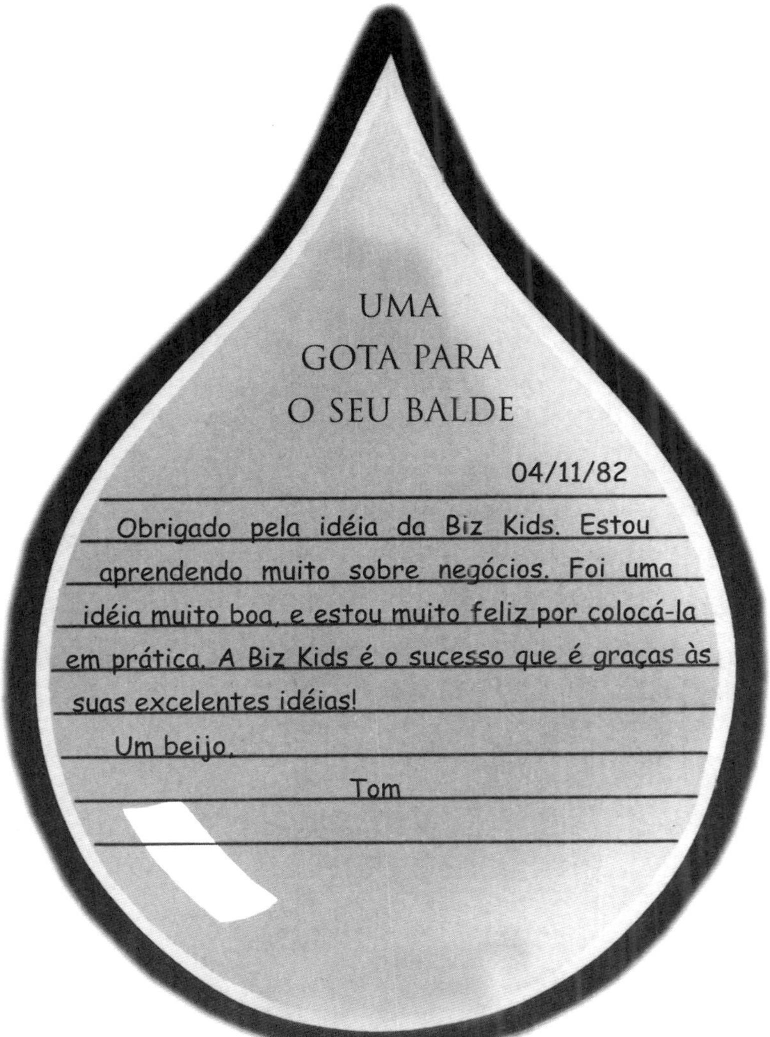

UMA
GOTA PARA
O SEU BALDE

04/11/82

Obrigado pela idéia da Biz Kids. Estou aprendendo muito sobre negócios. Foi uma idéia muito boa, e estou muito feliz por colocá-la em prática. A Biz Kids é o sucesso que é graças às suas excelentes idéias!

Um beijo,

Tom

Agora, um desafio que encherá seu balde: estabeleça o objetivo de escrever pelo menos cinco gotas ou outras formas de reconhecimento por mês. Não precisam ser textos longos. Algumas poucas palavras de afeto ou elogio são capazes de dar muita alegria. Se não quiser escrever à mão, digite, e, se desejar, entregue pessoalmente (sem dizer nada) para o destinatário. Envie por e-mail ou leia em voz alta.

O importante é não deixar de manifestar-se sempre que tiver algo agradável a dizer. Faça o que for possível para encher mais o balde dos outros – ao mesmo tempo que enche o seu. É fundamental não se esquecer disso.

EPÍLOGO

Imagine como o seu mundo estará melhor um ano depois que você começar a encher baldes todos os dias. Don e eu apostamos que as seguintes mudanças terão acontecido:

- O seu ambiente de trabalho será muito mais produtivo e agradável.
- Você terá mais amigos.
- Os seus colegas e clientes ficarão mais satisfeitos e próximos de você.
- O seu casamento estará fortalecido.
- A qualidade de suas relações com a sua família e os seus amigos será melhor.
- Você estará mais saudável e feliz, preparado para ter uma vida mais longa.

Tanto a ciência quanto a mera observação fornecem indícios de sobra de que a positividade é fundamental para as nossas vidas. Não desperdice nenhuma oportunidade de aumentar as emoções positivas daqueles que o cercam: seus gestos e palavras logo farão uma grande diferença – e talvez, até, possam mudar o mundo.

Não perca mais tempo. Em algum lugar, neste exato instante, existe um balde qualquer esperando para ser enchido. Talvez mesmo ao seu lado.

NOTAS

Para escrevermos *Seu balde está cheio?*, revisitamos décadas de estudos psicológicos e organizacionais. Muitas das pesquisas mencionadas neste livro foram publicadas em ensaios acadêmicos, mas poucas vezes foram compiladas num formato de fácil leitura. Ao criarmos este livro, nossa intenção era filtrar as descobertas mais relevantes e torná-las acessíveis ao público mais amplo possível, de modo que milhares de pessoas pudessem se beneficiar do brilhante trabalho dos cientistas aqui mencionados. Citamos o número da página e um pequeno trecho com o objetivo de facilitar a localização de cada referência abaixo.

INTRODUÇÃO

12 *No decorrer da década de 1990 emergiu no trabalho de Don um novo campo de estudos, a psicologia positiva:* Seligman, M.E.P. & Csikszentmihalyi, M. (2000). Positive psychology: an introduction. *American Psychologist,* 55, 514.

12 *Apesar de ser autor de vários livros:* Clifton, D.O. (1966). The mystery of the dipper and the bucket. [Brochura.] Lincoln, NE: King's Food Host. Food Host USA, Inc.

CAPÍTULO 1
A NEGATIVIDADE PODE SER FATAL

17 *Logo após a Guerra da Coréia:* Mayer, W. (Palestrante) (1967). Mind control, the ultimate weapon. Fita cassete comprada da Reality Zone e transcrita pela Gallup. Disponível em http://store.yahoo.com/realityzone/mind-control.html

23 *Impressionados com essa história:* Clifton, D. O. Hollingsworth, F. L. & Hall, W. E. (maio de 1952). A projective technique for measuring positive and negative attitudes towards people in a real-life situation. *The Journal of Educational Psychology,* 273-283.

CAPÍTULO 2:
POSITIVIDADE, NEGATIVIDADE E PRODUTIVIDADE

28 *Nossa última análise:* Harter, J. K., Schmidt, F. L. & Killham, E. A. (2003). Employee engagement, satisfaction, and business-unit-level outcomes: a meta-analysis. Washington, D.C.: The Gallup Organization.

28 *Há estudos que mostram que, quando um líder:* George, J. M.(1995). Leader positive mood and group performance: The case of customer service. *Journal of Applied Social Psychology,* 25, 9, 778-794.

31 *Segundo o Departamento do Trabalho norte-americano:* Theisen, T. (25 de março de 2003). Recognizing all staff members is an important task. *Lincoln Journal Star,* p. 4A.

31 *Uma pesquisa realizada junto a profissionais da área de saúde:* Bhattacharya, S. Unfair bosses make blood pressure soar (junho de 2003). NewScientist.com. Consultado em 20 de agosto de 2003, em http://www.newscientist.com/news/news.jsp?id=ns99993863

32 *Custa à economia americana:* Post 9/11, Compassionate companies had highly engaged employees, reports *GMJ* (março de 2002). *Gallup Management Journal.* Consultado em 20 de agosto de 2003, em http://gmj.gallup.com/content/default.asp?ci=478

37 *Não é de admirar que equipes de trabalho:* Harter, J. K., Schmidt, F. L. & Killham, E. A. (2003). Employee engagement, satisfaction, and business-unit-level outcomes: a meta-analysis. Washington, D.C.: The Gallup Organization; e Cameron, K. S., Bright, D. & Caza, A. (no prelo). Exploring the relationships between organizational virtuousness and performance. *American Behavioral Scientist.*

CAPÍTULO 3: VALORIZE CADA MOMENTO

50 *O estudo, conduzido pela Dra. Elizabeth Hurlock em 1925*: Hurlock, E. B. (1925). An evaluation of certain incentives used in school work. *Journal of Educational Psychology,* 16, 145-159.

51 *Graças ao movimento da psicologia positiva:* Seligman, M. E. P. & Csikszentmihalyi, M. (2000). Positive psychology: an introduction. *American Psychologist,* 55, 514.

53 *Segundo Daniel Kahneman, cientista ganhador do Prêmio Nobel:* Kahneman, D. (2002). A day in the lives of 1,000 working women in Texas. Apresentado no First International Positive Psychology Summit, Washington, D.C. Transcrição de gravação de áudio disponível em http://www.gallup.hu/pps/kahneman-long.htm

53 *Não faz muito tempo, Katie Couric, do programa de televisão* Today: Touchet, T. (produtor executivo) (11 de novembro de 2003). *Today* [programa de televisão]. Nova York: NBC.

55 *A pesquisa pioneira de John Gottman:* Gottman, John. (1994). *Why marriages succeed* or *fail... and how you can make yours last.* Nova York: Fireside.

55 *Dez anos depois:* Cooke, R. (17 de fevereiro de 2004). Researchers say they can predict divorces. *The Boston Globe Online.* Consultado em 20 de fevereiro de 2004, em http://www.boston.com/news/globe/health_science/articles/2004/02/17/researchers_say-they_can_predict_divorces/

55 *Uma pesquisa recente chegou à conclusão de que as equipes:* Losada, M. (1999). The complex dynamics of high performance teams. *Mathematical and Computer Modeling, 30, 179-192.*

57 *Milhares de estudos:* Witvliet, C. V. O., Ludwig, T. E., & Vander Laan, K. L. (2001). Granting forgiveness or harboring grudges: implications for emotion, physiology, and health. *Psychological Science,* 12, 117-123; Seligman, M. E. P. (2002). *Authentic happiness.* Nova York: The Free Press; e Snyder, C. R., Rand, K. L. & Sigmon, D. R.

(2001). Hope theory: a member of the positive psychology family. *Handbook of Positive Psychology,* pp. 257-268. Nova York: Oxford University Press.

59 *Pesquisadores que acompanharam 839 pacientes da famosa Clínica Mayo:* Maruta, T., Colligan, R.C., Malinchoc, M., & Offord, K.P. (2000). Optimists vs. pessimists: survival rate among medical patients over a 30-year period. *Mayo Clinic Proceedings,* 75, 140-143.

59 *Outro estudo marcante, com 180 freiras católicas idosas:* Danner D., Snowdon, D., & Friesen, W. (2001). Positive emotions in early life and longevity: findings from the nun study [versão eletrônica]. *Journal of Personality and Social Psychology,* 80, 804-813.

59 *Para entender melhor esses números:* Smoking hits women hard (12 de janeiro de 1999). BBC News/BBC Online Network. Consultado em 20 de agosto de 2003, em http://news.bbc.co.uk/1/hi/health/253627.stm

61 *Um estudo realizado com pós-graduandos de Harvard:* Peterson, C., Seligman, M. E. P., & Valliant, G. E. (1988). Pessimistic explanatory style is a risk factor for physical illness: a thirty-five year longitudinal study. *Journal of Personality and Social Psychology,* 55, 23-27.

61 *Com base em análises dos resultados de exames de sangue:* Peterson, C. & Bossio, L. M. (1991). *Health and optimism.* Nova York: The Free Press.

62 *Barbara Fredrickson, diretora do Laboratório de Emoções Positivas e Psicofisiologia da Universidade de Michigan:* Fredrickson, B. L. Leading with positive emotions. Consultado em 20 de agosto de 2003, no site da Uni-

versity of Michigan Business School, Faculty and Research: http://bus.umich.edu/FacultyResearch/Research/TryingTimes/PositiveEmotions.htm

CAPÍTULO 4: A HISTÓRIA DE TOM: QUANDO O BALDE TRANSBORDA

66 *O renomado psicólogo Ed Diener:* Diener, E. (outubro de 2003). Positive psychology. Apresentado na The Gallup Organization World Conference, Omaha, NE.

69 *Ao cabo de alguns anos de atividade:* Switzer, Gerry (9 de abril de 1985). Business is elementary for these school children. *Lincoln Journal-Star,* pp. 1, 8.

CAPÍTULO 6: CINCO ESTRATÉGIAS PARA AMPLIAR AS EMOÇÕES POSITIVAS

91 *Segundo a Dra. Barbara Fredrickson:* Fredrickson, B. (outubro de 2003). Positive emotions and upward spirals in organizations. Apresentado na The Gallup Organization World Conference, Omaha, NE.

95 *O renomado psicólogo Ed Diener chegou à conclusão de que:* Diener, E. (outubro de 2003). Positive psychology. Apresentado na The Gallup Organization World Conference, Omaha, NE.

99 *A Saks Fifth Avenue, uma loja de artigos de luxo:* Suffes, S. (janeiro de 2004). How Saks Welcomes New

Customers. *Gallup Management Journal*. Consultado em 4 de março de 2004, em http://gmj.gallup.com/content/default.asp?ci=10093

LEITURAS RECOMENDADAS

Buckingham, M. & Coffman, C. (1999). *First, break all the rules: What the world's greatest managers do differently.* Nova York: Simon & Schuster.

Clifton, D. O. & Anderson, E. (2002). *StrengthsQuest: Discover and develop your strengths in academics, career, and beyond.* Washington, D.C.: The Gallup Organization.

Clifton, D. O. & Nelson, P. (1992). *Soar with your strengths.* Nova York: Delacorte Press.

Coffman, C. & Gonzalez-Molina, G. (2002). *Follow this path: How the world's greatest organizations drive growth by unleashing human potential.* Nova York: Warner Books.

Curry, L. A., Snyder, C. R., Cook, D. L., Ruby, B. C., & Rehm, M. (1997). Role of hope in academic and sport achievement. *Journal of Personality and Social Psychology,* 73, 1.257-1.267.

Dodge, G. W. & Clifton, D. O. (1956). Teacher-pupil rapport and student teacher characteristics. *The Journal of Educational Psychology,* 47, 364-371.

Fitzgibbons, R.P. (1986). The cognitive and emotive uses

of forgiveness in the treatment of anger. *Psychotherapy,* 23, 629-633.

Fredrickson, B. L. (2001). The role of positive emotions in positive psychology: the broaden-and-build theory of positive emotions. *American Psychologist,* 56, 218-226.

Fredrickson, B. L. & Joiner, T. (2002). Positive emotions trigger upward spirals toward emotional well-being. *Psychological Science,* 13, 172-175.

Fredrickson, B. L., Tugade, M. M., Waugh, C. E., & Larkin, G. R. (2003). What good are positive emotions in crises? A prospective study of resilience and emotions following the terrorist attacks on the United States on September 11th, 2001. *Journal of Personality and Social Psychology,* 84, 365-376.

Hodges, T. D. & Clifton, D. O. (no prelo). Strengths-based development in practice. *Positive psychology in practice.* Nova Jersey: John Wiley and Sons, Inc.

Hope, D. (1987). The healing paradox of forgiveness. *Psychotherapy,* 24, 240-244.

Smith, B. & Rutigliano, T. (2003). *Discover your sales strengths: How the world's greatest salespeople develop winning careers.* Nova York: Warner Books.

Snyder, C. R. (2000). The past and possible futures of hope. *Journal of Social and Clinical Psychology,* 19, 11-28.

Tucker, K. A. & Allman, V. (2004). *Animals, Inc.* Nova York: Warner Books.

Winseman, A. L., Clifton, D. O., & Liesveld, C. (2003). *Living your strengths: Discover your God-given talents, and inspire your congregation and community.* Washington, D.C.: The Gallup Organization.

AGRADECIMENTOS

Em meu nome e no de Don, gostaria de agradecer às pessoas que contribuíram para *Seu balde está cheio?*. Don faleceu antes que pudéssemos trabalhar nesta parte do livro, mas tenho certeza de que ele teria adorado a oportunidade de agradecer a todos os envolvidos. *Seu balde está cheio?* representa o conhecimento acumulado de centenas, senão milhares, de mentes brilhantes.

Numa observação muito pessoal, eu gostaria de reconhecer o valor de uma pessoa dotada de uma fantástica capacidade de desenvolver pessoas: Shirley Clifton, a avó a que me refiro no capítulo 4, que leu histórias e cuidou de mim durante toda a minha infância. Shirley sempre foi a minha professora preferida e é alguém que chamo com orgulho de minha melhor amiga. Para a nossa família, Shirley é aquela que sempre nos ajudou a aprender, crescer e prosperar.

Shirley é o pilar no centro de uma família incrível e continua a nos inspirar ainda hoje. Esposa de Don por 58 anos, foi seu maior esteio, sua melhor amiga e uma fabulosa parceira de vida. Admiro o relacionamento dos dois mais do que qualquer outro que já conheci. Don passou sua vida estudando o que estava *certo,* e ter um casamento que definia a palavra *certo* sem dúvida foi fundamental.

Nesse espírito, gostaria de agradecer à minha família pelo apoio na criação deste livro e, acima de tudo, por sua atuação amorosa em nossas vidas. Todos os seus membros passaram a vida cuidando para que cada vez mais gente pudesse concentrar-se, a cada dia, no que era positivo. Este livro não seria possível sem a orientação e os estímulos de Connie Rath, Jim Clifton, Mary Reckmeyer e Jane Miller.

Seu balde está cheio? não foi escrito por apenas duas pessoas. Este livro é um produto de todos aqueles com quem trabalhamos ao longo dos anos – na Gallup e no meio acadêmico, entre outros.

Duas pessoas em particular dedicaram incontáveis dias para tornar este livro uma realidade. Geoff Brewer foi um brilhante editor, e Piotrek Juszkiewicz trabalhou incansavelmente todos os dias para assegurar que cada página deste livro saísse perfeita. São ambos excepcionais amigos e parceiros.

A liderança de Larry Emond foi outro detalhe crucial para que este livro saísse. Suas idéias e visão geral foram inestimáveis. Tonya Fredstrom, Tom Hatton, Tosca Lee e Susan Suffes foram cruciais na revisão dos muitos rascunhos do livro. Kelly Henry, Paul Petters e Barb Sanford foram fantásticos copidesques, editores e verificadores de fatos. Molly Hardin, Kim Simeon e Kim Goldberg aprimoraram o projeto gráfico, e Christopher Purdy forneceu seu conhecimento especializado em design. Bret Bickel liderou a equipe composta por Matt Johnson, Cory Keogh, Swati Jain e Tiberius OsBurn, que criou o belo site que acompanha este livro.

Gostaríamos de agradecer também a alguns dos psicólogos e cientistas que tanto influenciaram nosso pensamento: Mihaly Csikszentmihalyi, Ed Diener, Barbara Fredrickson, Daniel Kahneman, Christopher Petersen e Martin Seligman.

Enquanto trabalhávamos nos vários rascunhos, as seguintes pessoas fizeram contribuições significativas: Vandana Allman, Chip Anderson, Debbie Anstine, Raksha Arora, Kelly Aylward, Cheryl Beamer, Irene Burklund, Jason Carr, Deb Christenson, Julie Clement, Curt Coffman, Barry Conchie, Jon Conradt, Christine Courvelle, Kirk Cox, Steve Crabtree, Michael Cudaback, Bette Curd, Larry Curd, Tim Dean, Renay Dey, Dan Draus, Eldin Ehrlich, Sherry Ehrlich, Mindy Faith, Peter Flade, Gabriel Gonzalez-Molina, Sandy Graff, Trisha Hall, Jim Harter, Ty Hartman, Sonny Hill, Brian Hittlet, Tim Hodges, Alison Hunter, Mark John, Todd Johnson, Emily Killham, Jim Krieger, Jerry Krueger, Aaron Lamski, Julie Lamski, Steve Liegl, Curt Liesveld, Rosanne Liesveld, Sharon Lutz, Jan Meints, Jacque Merritt, Jan Miller, Brad Mlady, Andy Monnich, Pam Morrison, Gale

Muller, Sue Munn, Jacques Murphy, Grant Mussman, Ron Newman, Eric Nielsen, Terry Noel, Matt Norquist, Mary Lou Novak, Steve O'Brien, Eric Olesen, David Osborne, Ashley Page, Rod Penner, Mark Pogue, Adam Pressman, Susan Raff, Jillene Reimnitz, John Reimnitz, Jason Rohde, Pam Ruhlman, Gary Russell, Robyn Seals, Cheryl Siegman, Gaylene Skorohod, Joe Streur, Ross Thompson, Rosemary Travis, Sarah Van Allen, Martin Walsh, Jason Weber, Kryste Wiedenfeld, John Wood, Al Woods e Warren Wright.

Por fim, gostaríamos de concluir agradecendo aos milhares de colegas e amigos da The Gallup Organization que dedicaram suas vidas ao estudo, ensino e à crença do que é certo. Em meu nome e no de Don, nossa mais sincera gratidão por estarem conosco nessa missão de vida.

UMA
GOTA PARA
O SEU BALDE

CONHEÇA OUTROS IMPORTANTES TÍTULOS DA EDITORA SEXTANTE

Richard L. Williams
PRECISO SABER SE ESTOU INDO BEM!

Imagine como seria se você passasse a ser totalmente ignorado em casa ou no trabalho – sem orientações, elogios ou críticas pelas coisas que faz. Esse livro ilustra a importância do feedback através de uma história simples, baseada em pessoas reais que o autor conheceu ao longo de sua carreira como professor e consultor.

Escrito de maneira dinâmica e repleto de estratégias, ele apresenta os quatro tipos de feedback – positivo, corretivo, ofensivo e insignificante –, ensinando quando usar os dois primeiros e como evitar os outros, para ajudar você a conquistar mais qualidade em suas relações, estimulando a iniciativa, a responsabilidade e a lealdade entre as pessoas à sua volta.

John G. Miller
VOCÊ É MAIS CAPAZ DO QUE PENSA

Com quase 20 anos de experiência na área de treinamento, John G. Miller desenvolveu um método fantástico para virar pelo avesso essa maneira de pensar: devemos fazer perguntas melhores para fazer escolhas melhores.

Em vez de começar as perguntas com por que, quando e quem, precisamos voltar a atenção para as nossas capacidades individuais e perguntar: "Em que eu posso contribuir?" e "Como eu consigo fazer alguma diferença?". Lançando mão de histórias leves e capítulos curtos, o autor mostra como nos tornar mais eficientes e bem-sucedidos ao aplicar a noção da responsabilidade pessoal no nosso dia-a-dia.

James C. Hunter
O MONGE E O EXECUTIVO

John Daily é um executivo bem-sucedido que, de repente, percebe que vem fracassando como chefe, marido e pai. Em busca de um novo caminho para sua vida, ele decide participar por uma semana de um retiro num mosteiro beneditino.

Lá encontra Leonard Hoffman, um dos mais influentes e bem-sucedidos empresários americanos, que resolveu largar tudo para ir em busca da verdadeira essência da vida. Nesse livro extremamente envolvente, você vai aprender, junto com John Daily, princípios de liderança fundamentais para construir uma carreira de sucesso e uma vida em plena harmonia com as pessoas à sua volta.

Jan Carlzon
A HORA DA VERDADE

Lançado originalmente nos anos 1980, *A hora da verdade* é um clássico e um dos mais importantes livros de negócios de todos os tempos. Ele apresenta o relato da extraordinária experiência de Jan Carlzon, que criou um modelo inédito de administração, mudando os rumos da gestão empresarial e revolucionando o conceito de liderança.

Com seu estilo acessível, Carlzon apresenta em detalhes sua ousada abordagem para prosperar numa economia voltada para os clientes: como definir uma estratégia, como estruturar uma organização para priorizar as necessidades dos clientes, como motivar e se comunicar com a equipe da linha de frente.

Bob Nelson
FAÇA O QUE TEM DE SER FEITO

A mensagem desse livro é simples mas poderosa: fazer o que precisa ser feito, e não apenas o que lhe pedem, é a marca registrada da excelência profissional. Esta é a postura que devemos adotar para crescer e nos realizarmos profissionalmente.

Atender a um cliente, solucionar um problema, ajudar um colega de trabalho, dar uma sugestão para economizar dinheiro, desenvolver uma idéia ou aprimorar um processo são ações esperadas de cada pessoa a partir do momento em que é contratada.

Tim Sanders
O AMOR É A MELHOR ESTRATÉGIA

Tim Sanders criou um método revolucionário que vai mudar sua forma de ver o mundo e abrir novas e promissoras perspectivas para a sua vida. Para ele, não é preciso matar ou morrer para ter sucesso. O amor é a melhor estratégia para quem quer construir um futuro melhor.

A mágica está na simplicidade de seu método, apoiado em três pilares: *conhecimento* (que você acumula com sua experiência e, principalmente, através da leitura), *rede de relacionamentos* (os amigos e contatos que já possui, mas que tem de cultivar) e *compaixão* (o calor humano que é capaz de transmitir aos outros).

Álex Rovira e Fernando Trías de Bes

A BOA SORTE

Se você sempre acreditou que a sorte é uma questão de acaso, esse livro vai fazer você rever este conceito e trará uma grande transformação em sua vida. Nesta fábula de linguagem cativante e inspiradora há uma lição simples mas profundamente significativa: a sorte nada tem a ver com um acontecimento fortuito – cabe a nós criarmos as condições para que ela aconteça em nossa vida.

Publicada em mais de 60 países e comparada com clássicos como *O alquimista* e *Quem mexeu no meu queijo?*, essa fábula mostra como criar as condições favoráveis para que a boa sorte chegue a você mesmo nas circunstâncias mais difíceis.

Jonathon Lazear

O HOMEM QUE CONFUNDIU SEU TRABALHO COM A VIDA

Se o trabalho assumiu um papel tão preponderante na sua vida que tudo mais ficou em segundo plano e você anda se perguntando se isso realmente vale a pena, irá encontrar na experiência de Jonathon Lazear a indicação de novos caminhos rumo à felicidade e à realização.

O vício de trabalho é uma armadilha que vai minando suas forças e fazendo com que você se isole da família e dos amigos. Lazear só percebeu o que estava perdendo quando já era quase tarde demais. Mas ele conseguiu mudar e mostra aqui como você pode fazer o mesmo.

STEPHEN COVEY
PRINCÍPIOS ESSENCIAIS DAS PESSOAS ALTAMENTE EFICAZES

Com mais de 15 milhões de exemplares vendidos em todo o mundo, *Os 7 hábitos das pessoas altamente eficazes* se tornou um dos livros mais influentes dos últimos tempos.

Para iluminar os princípios dos *7 hábitos*, Stephen Covey reuniu nesse livro a sabedoria de grandes pensadores, idéias inspiradoras que podem nos ajudar a realizar nosso potencial, influenciando positivamente o resultado de cada dia.

DAVID NIVEN
OS 100 SEGREDOS DAS PESSOAS DE SUCESSO

Baseado em centenas de estudos científicos, o psicólogo e cientista social David Niven organizou a lista dos 100 segredos mais simples que podem nos ajudar a ser bem-sucedidos.

Nesse livro, ele se debruça sobre as pesquisas que identificaram as práticas, princípios e crenças necessários para se ter sucesso. De forma simples e agradável, apresenta em cada capítulo uma dessas conclusões, acompanhada de um exemplo real e de um conselho que você deve colocar em prática se quer realmente "chegar lá".

CONHEÇA OS 30 CLÁSSICOS DA EDITORA SEXTANTE

O Código Da Vinci, Anjos e Demônios e *Fortaleza Digital*, de Dan Brown

Pais brilhantes, professores fascinantes, Nunca desista de seus sonhos e *Você é insubstituível*, de Augusto Cury

O monge e o executivo, de James C. Hunter

Um dia "daqueles", O sentido da vida e *Querida mamãe, obrigado por tudo*, de Bradley Trevor Greive

Por que os homens fazem sexo e as mulheres fazem amor?, de Allan e Barbara Pease

Os 100 segredos das pessoas felizes e *Os 100 segredos das pessoas de sucesso*, de David Niven

Enquanto o amor não vem, de Iyanla Vanzant

A última grande lição e *As cinco pessoas que você encontra no céu*, de Mitch Albom

A Dieta de South Beach, de Arthur Agatston

O ócio criativo, de Domenico de Masi

Não leve a vida tão a sério, de Hugh Prather

O Poder do Agora, de Eckhart Tolle

A vida é bela, de Dominique Glocheux

Palavras de sabedoria e *O caminho da tranqüilidade*, de Sua Santidade, o Dalai-Lama

Muitas vidas, muitos mestres e *Só o amor é real*, de Brian Weiss

Histórias para aquecer o coração, de Jack Canfield e Mark V. Hansen

Conversando com os espíritos, de James Van Praagh

Aprendendo a gostar de si mesmo, de Louise Hay

Mantenha o seu cérebro vivo, de Lawrence Katz e Manning Rubin

Aprendendo a silenciar a mente, de Osho

INFORMAÇÕES SOBRE OS PRÓXIMOS LANÇAMENTOS

Para receber informações sobre os lançamentos da EDITORA SEXTANTE, basta enviar um e-mail para
atendimento@esextante.com.br
ou cadastrar-se diretamente no site
www.sextante.com.br

Para saber mais sobre nossos títulos e autores, e enviar seus comentários sobre este livro, visite o nosso site:
www.sextante.com.br

EDITORA SEXTANTE
Rua Voluntários da Pátria, 45 – Gr. 1.404 – Botafogo
22270-000 – Rio de Janeiro – RJ
Tel.: (21) 2286-9944 – Fax: (21) 2286-9244
E-mail: atendimento@esextante.com.br
www.sextante.com.br